ITERATION AND APPLICATION OF
INFORMATION TECHNOLOGY
IN PRIMARY AND MIDDLE SCHOOLS

U0736729

中小学信息技术的
迭代及应用

吕红军　李梅　编著

中国海洋大学出版社

·青岛·

图书在版编目（CIP）数据

中小学信息技术的迭代及应用 / 吕红军，李梅编著. —青岛：中国海洋大学出版社，2018.12
ISBN 978-7-5670-1856-3

Ⅰ.①中… Ⅱ.①吕… ②李… Ⅲ.①计算机辅助教学－研究－中小学 Ⅳ.①G434

中国版本图书馆CIP数据核字（2018）第301295号

出版发行	中国海洋大学出版社
社　　址	青岛市香港东路23号　　邮政编码　266071
网　　址	http://pub.ouc.edu.cn
出 版 人	杨立敏
责任编辑	孟显丽
电　　话	0532-85901092
电子信箱	1079285664@qq.com
印　　制	日照报业印刷有限公司
版　　次	2018年12月第1版
印　　次	2018年12月第1次印刷
成品尺寸	170 mm×230 mm
印　　张	13.25
字　　数	221千
印　　数	1~1600
定　　价	45.00元
订购电话	0532-82032573（传真）

作者简介

吕红军，山东烟台人，青岛弘德小学校长，齐鲁名校长，山东省创新校长，山东省第一批教育信息化专家，中央电教馆特聘全国新技术新媒体大赛评审专家，教育部教育管理信息中心"基于微课的翻转课堂创新应用的模式研究"课题组专家，中国教育发展战略学会特聘教育信息化管理专家；先后有20余万字的文章发表在《中国电化教育》《中小学数字化教学》《中小学信息技术教育》等杂志上，出版专著《我的信息化教育十年》，荣获山东省优秀科研成果奖、山东省和教育部基础教育教学成果奖，主持了中央电教馆专项课题"基于个人网络终端的小学语文学习方式的研究"和山东省规划课题"基于平板电脑的课程数字化的研究"等多个课题。

李梅，山东淄博人，青岛弘德小学副校长，淄博市优秀教师，青岛名师，全国中小学信息技术创新应用优秀教师，中央电教馆特聘全国新技术新媒体大赛评审专家，中国教育发展战略学会特聘教育信息化学科专家，山东省网络研修教育信息化工作坊主持人。在山东省率先开启"一对一"数字化教学，代表山东省参加了教育部在深圳举行的"全国首届信息化教学应用展演"，主持了中央电教馆专项课题"基于平板电脑的数字资源开发与应用的研究"、教育部教育管理信息中心专项课题"信息技术与教育教学深度融合典型案例"等多个课题。

信息化教育的领跑者

（代序一）

潘克明

第一次接触吕红军校长，是在2005年中央电教馆举办的交互式电子白板课题开题会上。随后的几次课题交流会上，我们虽然多有互动，但彼此了解得不多。在2009年的课题结题会上，吕校长以专业的研究水平和翔实的成果汇报，给我留下了深刻的印象。

之后，我们的交往越来越多，吕红军校长也从一位信息化的躬身实践者逐渐成长为在信息化领域既有丰富实践经验又有丰硕研究成果的专家型校长。由于工作的需要，我们两人的工作交集越来越多。给我印象最深的是吕校长对教育信息化的执着。他十几年如一日，初心不改，孜孜以求。"一万小时定律"在吕校长身上得到了充分的体现，对这样的校长而言，不成功都难。

后来吕校长以齐鲁名校长的身份被引进到青岛弘德小学任"开山"校长，于是，这所年轻的学校便以极为强势的姿态进入青岛教育人的视野——举办了一系列高端会议、获得了一系列荣誉称号……

于是，我越发有意地关注吕校长和他的团队、他的学校，越发惊讶于这所年轻学校旺盛的生态——几乎所有进入这所学校的老师们都像瞬间上紧了发条的钟表，背后的工作隐去不表，单看每个人在各大教育教研活动或比赛中的获奖和出课数量就足以让人惊奇。这所以信息化为特色的新校，在吕校长的带领下，在来自四面八方不同背景、不同性格特点的，平均年龄40开外的教师的共同努力下，在连同磨合时间都算在内的两年里即斩获了青岛市智慧校园、青岛市网络学习空间人人通培训基地、青岛市教育信息化应用创新示范学校、山东省教育信息化试点学校、山东省基础教育教学成果奖、全国STEM教育种子学校等一系列桂冠……据他们建校两周年时的统计，学校教师在省级以上比赛中获奖和出课数量达到50余人次。

钱锺书先生曾经说过，天下就没有偶然，偶然不过是化了妆的、戴了面具的必然。吕校长他们着实让人感叹！他们的荣誉或许不能代表所有，但却绝对能够说明这个崭新的团队所付出的心血。这让我见识到一位强有力的教育管理者的领导力。

我曾受吕校长之邀，观摩过弘德教师的展示课，无论是初登讲台的年轻新教师，还是即将退休的老教师，对于信息技术的运用都是信手拈来，没有任何的刻意感。这背后所隐藏的是意想不到的付出。有多持久、多密集的技术培训和技术支持才能有这样的效果？！有多么强有力的指引才会将整个教师团队都引上这条路？！吕校长曾经说过："没有信息技术的熟练运用，就没有信息技术与课堂教学的深度融合。"这句简单的话语，正是他信息化教育经历的精准总结。

我曾拜读过吕校长的著作《我的信息化教育十年》。书如其人，语言质朴，字里行间隐藏着的是一位心怀教育梦想的教育管理者的深刻思考。他毫不吝啬地把自己和自己团队的经验呈现出来，并且对自己的方法进行了认真的反思提出了切实可行的改进办法。

首都师范大学教授、博士生导师王陆先生曾经说吕红军校长是"一个创造奇迹的人"。这位曾经亲手打造北门里小学教育奇迹的教育管理者，将自己后半生的教育智慧倾注于年轻的青岛弘德小学的发展中。在李沧区教体局的大力支持下，在配合默契的团队协作中，吕校长创造了他人生中的第二个奇迹。

从1.0的教育信息化到2.0的信息化教育是一个重要转折，注重应用、融合创新是信息化教育的重要任务。近10年来，教育信息化的装备水平越来越高，但与课堂教学的融合却不太理想，离"深度融合"更是有很长的路要走。究其原因，老师们对诸多信息技术的核心价值不理解是一个重要方面。在弘德小学，吕校长结合他十几年的经验积累，大刀阔斧地进行信息技术的运用实践，对曾经或者仍然在教育信息化领域占有一席之地的各种教育技术手段以及应用分析进行了总结概括、反思提炼，终成此书。

该书中，每一句话都是经历和经验的凝结，每一个措施都是实实在在体验的结晶，每一个教学设计都是调整、反思、推敲过无数遍的成果。我相信，此书的出版定会为正在进行信息化实践和研究的领导和老师提供有益的帮助。

年轻的青岛弘德小学在吕校长的带领下，全方位实施教育信息化战略，全力打造信息化教育生态，使得这所崭新的学校，以鲜明的"互联网+教育发展新形态"的特色，在青岛、山东乃至全国都产生了很大的影响。弘德小学经过探索所形成的经验，对于推进中小学教育信息化2.0行动计划的落实，具有重要的借鉴作用和推广价值。

作为一位青岛弘德小学从无到有、从"无人识到天下知"发展历程的见证者，我由衷地祝愿青岛弘德小学能如巨龙般腾飞于教育九天！我诚挚地祝愿吕红军校长和他的团队能够在岛城再创教育奇迹，能够在教育现代化的大道上再创辉煌！

（作者系中国教育技术协会学术委员会副主任）

"解码"弘德

（代序二）

陈美玲

  一遍遍翻阅着齐鲁名校长吕红军和青岛名师李梅编著的《中小学信息技术的迭代及应用》，心中充满感动，思绪不由地飘向他们带领年轻的青岛弘德小学发展的点点滴滴。

  刚刚迎接2岁生日的弘德小学，成立以来仅仅不到4个学期，历史的长度用天来计算也不过700余天。在这不长的时间里，有着信息化理念和实践经验的两位校长，以自己十几年积累的教育信息化带动教育现代化的丰富经验，带领弘德小学的师生员工，以一年当三年过，走出了一条具有特色的教育现代化之路。

  弘德小学的校舍是欧式风格，包括游泳馆、跆拳道馆、灯光体育馆等各类设施设备齐全，这足以证明李沧区教体局对现代学校学生全面发展的期待。吕校长如约而至，但他面临的却是这样一种情势：老师们的平均年龄40开外，信息素养与教育技术能力比较弱；学生近90%是外来务工子弟，学习基础参差不齐。在巨大的压力面前，吕校长带领老师们，找到撬动学校发展的支点，全校师生齐心合力迎接挑战，没有一个人胆怯，没有一个人退缩。李梅副校长具有极强的执行力，是老师们信息技术与教学融合的指导专家和同事，学校拥有的教学服务平台、教师教学支持工具、学生认知学习工具APP、学校特色资源建设等，每样都经过她之手。学校年龄最大的杨志建老师，忘记年纪，只争朝夕，与小学生一起享受新技术带来的不一样的德育课堂；徐世生老师两年来痴迷于教与学方式的变革，每天除了睡觉，其他时间都处在实践反思、再实践再反思之中，从孩子们的学习态度与学习效果上判断自己的信息技术教学融合度是否恰当，从而也拥有了众多粉丝；蒲玉峰老师没有觉得女教师在近50岁时改变以往教学方式是难事，坚信"天下无难事，只怕有心人"；刘沙沙老师不言不语地在思考新技术能给体育课带来什么，巧妙地给孩子们带来了不一样的游泳课；战沛娜老师将数字音乐与传统音乐融合起来，使音乐课变得更加生动活泼，谁也不敢说未来的音乐家不会诞生在战老师的课堂上；刘峰老师加入团队才一个多学期，但后来居上，以信息技术融合教学的巨大魅力，一跃成为学校的一面旗帜……在这所学校的教育信息化实践中，所有老师、所有学科无一例外地踊跃参与，所有的家长也无一例外地给予极大支持。

由此，我不由自主地思考着：年轻的弘德小学除了拥有坐落青岛的地缘优势外，在信息化的配备上并不比同类学校好，为什么能够在如此短的时间内得到如此快的发展呢？老师们爆发出来的持续动力又来自哪里呢？

在信息技术快速发展的今天，已近耳顺之年的吕校长没有停下前进的脚步，他严于律己、率先垂范、努力学习、不断进取，在服务于教师、学生、家长的过程中拓展自我、超越自我。与此同时，他用比别人更多的时间和精力走进教师、研究教学、搭建教师成长成才的舞台，使得一批专业能力强、信息素养高、富有职业归属感的名师队伍崭露头角……

我想，这就是我要寻找的答案吧。

我相信，在两位校长的带领下，青岛弘德小学的全体教职员工定会共同努力，为了"数字土著"们美好的未来而不断创新、一往无前！

（作者系中国教育学会中小学信息技术教育专业委员会秘书长）

前言

　　人类教育的历史很大程度上就是教育技术发展的历史。教育技术就是教育的生产工具，是教育生产力中最活跃的因素。人类从结绳记事、口耳相传到文字的出现，书写和口语成为同样重要的教育工具；到印刷术的出现、班级授课制的形成，每一项教育技术的发展都推动了教育的大变革、扩大了教育的普及面、提升了教育的效率。

　　世纪之交，信息技术的发展突飞猛进，教育信息技术对传统教育技术形成巨大冲击；学习资源不只是教师和教科书，更多的媒体和资源被引入教学和学习中，正在引发和推动教育理念、方式、结构等的又一次重大变革。

　　在这一前所未有的变革面前，受体制机制、观念、文化等多种因素的影响，教育信息技术的应用虽然呈现出轰轰烈烈、如火如荼的局面，但在具体的操作实践中却如犹抱琵琶半遮面"想说爱你不容易"，并未给传统教学带来本质的改变。这一方面是由于"应试教育"的影响，教育管理者和教师不敢放手使用信息技术，担心使用信息技术会影响教学成绩；另一方面，教师对信息技术的价值认识不到位，缺少真正的体验，更多的是把信息技术作为辅助手段而不是重要的认知工具来使用。于是，在教学实践中信息技术也就变得可有可无。

由此看来，要解决信息技术的效率、效益问题，必须同时解决观念和应用问题，用观念的改变促进技术的应用，用应用的成效推动观念的改变，而且应用的成效则是最重要的改变，因此必须确立以应用为导向的信息化发展战略。

教育部副部长杜占元指出，应用是信息化永恒的主题。不在信息技术的大海里学习游泳，就永远不会游泳。信息技术的应用是实实在在的事情，不是一蹴而就的，必须经过大量的实践应用才能对信息技术的价值有真切的体验，也才能真正实现信息技术与课程、与教学的深度融合。

而信息技术又是一个泛概念，不同的时期有不同的主流信息技术，不同发展水平的地区有不同的信息技术；即使同一所学校，在不同的场所也有不同的信息技术。因此，具体到应用层面，信息技术更多的是一个专业场，具体指向哪一种或哪几种信息技术，或者以哪一种为主的信息技术。必须把对泛概念的理解和专业场的应用结合起来，这样校长和老师才不会感到茫然，不会感到无处下口。其实，这也是很多校长和老师的困惑。他们不是思想上不重视，而是不明白到底什么是信息技术、到底应从哪里入手应用。

我从事校长工作14年，从事信息技术实践应用和研究13年，不仅经历了信息技术硬件发展的历程，而且经历了软件发展的历程；不仅经历了众说纷纭的时代，也经历了国家大力倡导的时代；不仅有与老师们摸爬滚打过的经历，也有与信息技术专家、领导的近距离对话和跟从。几乎对每一项信息技术我都作为课题来研究，对其价值有比较清晰的把握，这些成为我从事信息化工作的宝贵财富。

教育是育心的事业，属于"道"的范畴，是顶层的东西；而技术在底层，是"器"，通过"术"（即方法、策略）这个中间层面更好地实现"道"，这是"道""术""器"的辩证关系，所谓"善假于物"也。从这个意义上讲，虽然仅用技术解决不了教育的根本问题，但通过技术手段可以优化教育过程，从而实现理想的教育效果。我不是唯技术论者，但是我相信，技术在教育的过程中能够发挥巨大的作用。因此，本书重点放在"术"的层面，亦即方法、策略等，努力在"术"中体现孩子的主体地位、促进"人"的发展。为此，我确立了"看后即会，拿来即用"的价值观念，尽量选取课堂真实而有代表性的案例进行介绍，并把每一个案例讲透彻。读者们通过研究一个案例能举一反三、触类旁通，收到实实在在的效果。但是，本书并不把技术的培训作为重点，而是结合应用让读者们理解技术背后所蕴含的教育理念，从而更好地体验技术应用的价值。

为了把自己和我的团队多年的实践经验分享给有志于信息化实践与研究的同行们，使他们避免走一些弯路，于是我有了写这本书的想法。由于本人文化基础薄弱和学术能力有限，所以本书更多的是一些实践性的总结，没有过多的理论阐述；当然，书中谬误之处也在所难免，欢迎各位同行给予指正。

本书的编写得到了有关领导和专家的大力支持，中国教育技术协会学术委员会副主任潘克明、中国教育学会中小学信息技术教育专业委员会秘书长陈美玲、原山东省教育厅副巡视员杜希福都对本书提出了宝贵意见；潘克明教授、陈美玲教授还在百忙之中为本书赐序。另外，许多老师为本书提供了丰富的案例。在此，一并感谢！

反思，能够让我们知道在行动的时候该做什么。衷心希望各位领导、专家和同仁对本书提出宝贵意见，也由衷期望在教育信息化的道路上有更多的同仁加入，相互切磋，相互借鉴，携手并肩，砥砺前行……

吕红军

2018年8月于岛城

目　录

第一章
中小学信息技术应用的理论基础和政策依据

第一节　中小学信息技术应用的理论基础

为了提高我国中小学教师教育技术能力水平、促进教师专业能力发展，2004年12月25日，教育部正式颁布了《中小学教师教育技术能力标准》。这是我国中小学教师的第一个专业能力标准，它的颁布与实施是我国教师教育领域里一件具有里程碑意义的大事，对我国教师教育的改革与发展产生了深远影响。

10年过去了。2014年5月27日，教育部办公厅印发《中小学教师信息技术应用能力标准（试行）》，这是为了应对"互联网+教育"对教师能力的新挑战而启动的新一轮中小学教师信息技术应用能力提升工程，要求从技术素养、计划与准备、组织与管理、评估与诊断以及学习与发展五个方面提升中小学教师的信息化教学能力。

《中小学教师信息技术应用能力标准（试行）》是在《中小学教师教育技术能力标准》基础上的延续和发展。两者相比，《中小学教师信息技术应用能力标准（试行）》特别突出了两个特点。第一个特点是突出了教育技术的专指性——信息技术。而在《中小学教师教育技术能力标准》中，教育技术的表述是：教育技术是指运用各种理论及技术，通过对教与学过程及相关资源的设计、开发、利用、管理和评价，实现教育教学优化的理论与实践。而信息技术的表述则为：信息技术是指能够支持信息的获取、传递、加工、存储和呈现的一类技术。其中，应用在教育领域中的信息技术主要包括电子音像技术、卫星电视广播技术、多媒体计算机技术、人工智能技术、网络通信技术、仿真技术和虚拟现实技术等。从这两个概念的内涵来看，教育技术的内涵更广一些，信息技术属于教育技术的一部分。信息技术的内涵则明确而具体，这就使教师提升的目标更加明确。第二个特点是突出强调了应用能力。《中小学教师教育技术能力标准》主要落脚点是意识和技能层面，而《中小学教师信息技术应用能力标准（试行）》则不仅要求教师要有信息意识和信息技能，更重要的是要有融合教学的能力和帮助学生转变学习方式的能力。

中小学信息技术应用是建立在建构主义理论基础之上的，其学习环境包含情境、协作、会话和意义建构四个要素。中小学信息技术应用可以描述为：以学生为中心，学习者在教师创设的情境、协作与会话等学习环境中充分发挥自身的主动性和积极性，对当前所学的知识进行有意义建构并用所学解决实际问题。在教学中，教师由知识的传授者、灌输者转变为学生主动获取信息的帮助者、促进者；学生由外部刺激的被动接受者和知识的灌输对象转变为信息加工的主体、知识意义的主动建构者。信息所携带的知识不再是教师传授的内容，而是学生主动建构意义的对象（客体）；教学过程由讲解说明的进程转变为通过情景创设、问题探究、协商学习、意义建构等以学生为主体的过程；媒体也由教师讲解的演示工具转变为学生主动学习、协作式探索、意义建构、解决实际问题的认知工具，学生用此来查询资料、搜索信息、进行协作学习和会话交流。

中小学信息技术应用是建构主义理论与先进的技术（如多媒体技术、网络技术、通信技术、人工智能技术）相结合的产物。运用建构主义学习理论形成全新的教学模式，促进教学内容与方法的变革和实现教育信息化，已经成为当今教育的必然选择。[①]

我国电教事业的开拓者与奠基人南国农先生曾提出这样一个公式：

信息化教育=现代教育思想理论×现代信息技术

也就是说，信息化教育是现代教育思想理论与现代信息技术相结合的产物。这个公式告诉我们，信息化教育是两个要素相乘的关系，是倍增关系，任何一个要素做不好，其结果可能适得其反。因此，要实现真正有效的信息化教育，必须要有现代教育思想理论的指导和现代信息技术的支持，两者兼

---

① 张屹，祝智庭.建构主义理论指导下的信息化教育［J］.电化教育研究，2002（1）：19-23.

顾，和谐相融，共同发展，不能顾此失彼（图1-1）。

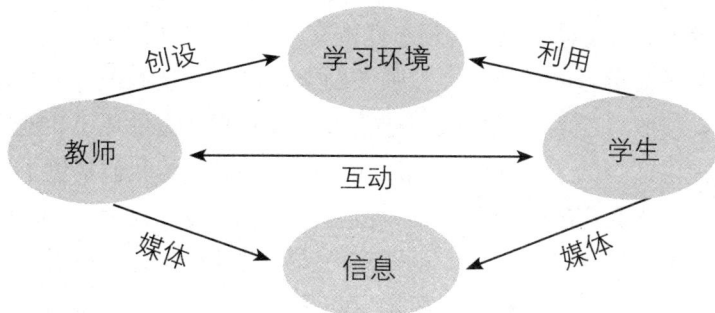

图1-1　信息化教育的教学模式图[①]

因此，中小学信息技术应用的理论基础是建立在信息化教育的背景下，以教育信息化的思想理论为基础，结合中小学课程特点，以建构主义为指导的理论体系。

建构主义认为，学习过程是人的认知思维活动主动建构的过程，是建构内在心理表征的过程，是人们通过原有的知识经验与外界环境进行交互活动以获取、建构新知识的过程。知识并不是通过老师传授从外界搬到记忆中，而是学习者在一定的情境即社会文化背景下，借助其他辅助手段（包括教师和学习伙伴以及其他学习工具），利用必要的学习材料，通过意义建构的方式而获得[②]。学生在学习中要主动建构客观事物及其关系的表征，这种建构不是外界刺激的直接反应，而是通过已有的认知结构（包括原有知识经验和认知策略）对新信息进行主动加工而建构成的。这种学习更加强调学习的主动性、探究性、社会性、情境性、协作性[③]。

20世纪80年代的个人家用电脑在计算能力、显示能力（文本、图像、视频和声音都变为可能）和交互方式上有长足进步。计算机不再只是信息输出的管道，它还是对信息积极操作的工具。学习者可以以计算机为工具来控制学习活动，而不是被计算机所控制进行被动应答。在行为主义方法中这是不可行的，因而开启了建构知识的时代。对于Logo之父Papert以及同时代的其他

---

① 张屹，祝智庭.建构主义理论指导下的信息化教育［J］.电化教育研究，2002（1）：19-23.

② 王陆.交互式电子白板与教学创新［M］.北京：高等教育出版社，2009.

③ 余胜泉，杨晓娟，何克抗.基于建构主义的教学设计模式［J］.电化教育研究，2000（12）：7-13.

人而言，计算机成为受指导者而不是指导者，学习者通过指导计算机如何执行任务和解决问题来进行学习。Papert把这一方法称为建构主义学习构造论，因为学习者积极地建构知识，并通过建造交互模型来开展学习。

在建构主义学习的框架内，教师鼓励学生自己发现原理。为了让学生从信息的被动接收者变为积极的知识建构者，我们必须提供环境让他们参与学习活动，提供适当的工具让他们运用知识。移动设备给我们提供了独特的机遇，让学生进入真实的情境，使具体情境下的信息传递成为可能；同时，移动设备的计算与信息管理功能，可以作为认知工具来支持、指引和扩充学生思维过程或心智模式，促进知识内化与问题解决。所以，在移动学习中如何利用移动技术促进学习和知识构建是十分值得研究的。

第二节　中小学信息技术应用的政策依据

进入新世纪的第二个十年，我国教育信息化步伐明显加快。2010年7月13日至14日，全国教育工作会议召开。这是党中央、国务院在新世纪召开的第一次全国教育工作会议，也是改革开放30多年来第四次全国教育工作会议。《国家中长期教育改革和发展规划纲要》的正式颁布实施是深入实施科教兴国、人才强国战略的重大举措，必将有力地促进教育事业科学发展，成为教育改革发展史上一个新的里程碑。《国家中长期教育改革和发展规划纲要》专列的"教育信息化"一章中指出：信息技术对教育发展具有革命性影响，必须予以高度重视。

2012年9月5日，国务委员刘延东在第一次全国教育信息化电视电话会议上指出，要以"三通两平台"建设为抓手，坚持应用驱动的推进思路。

2015年11月19日，在第二次全国教育信息化电视电话会议上，刘延东副总理强调：要坚持以应用为核心；强化深度应用、融合创新；运用信息技术来设计和推进"教改"和"课改"，促进教学方法、管理模式以及教育服务供给方式的变革；要进一步完善"三通两平台"工程；提升教育信息化服务教学与管理的能力；原则上所有教师都应利用信息技术改进教学方法、创新教学模式，推进课堂信息化教学全面普及；要加快信息技术推动教育创新步伐；从服务课堂学习拓展为支撑网络化的泛在学习；积极利用成熟技术和平台，集成教学、学习、管理等功能，拓展课堂外延，促进传统教育与信息化教育优势互补，引导教师应用网络空间开展备课授课、学习指导等教学活动；鼓励学生个性化学习、自主学习和协作学习；倡导学校利用网络空间开展学生综合评价、教学综合分析，提高管理效率，减轻师生负担。

2015年5月23日，青岛国际教育信息化大会召开，国家主席习近平发来贺信，提出了"构建网络化、数字化、个性化、终身化的教育体系，建设'人人皆学、处处能学、时时可学'的学习型社会"的总要求，表达了我国推进教育信息化的坚定决心，是我国推进教育信息化、构建现代化教育体系、建设学习型社会的重要遵循。

2012年3月，教育部印发《教育信息化十年发展规划（2011—2020）》，2016年6月又印发《教育信息化"十三五"规划》，均明确了应用导向、融合创新的要求。教育部副部长杜占元在接受媒体采访时说，要坚持把信息技术与教育教学实践深度融合作为核心理念。围绕解决当前教育改革发展面临的重大问题，努力通过信息技术手段提供有效、可行的解决方案。通过将信息技术引入教与学的全方位和全过程，最终实现以信息化引领教育理念和教育模式创新，发挥在教育改革和发展中的支撑与引领作用。要坚持把应用驱动作为推进教育信息化的基本方针。以应用为导向，以基础建设营造应用环境，以教学、科研拓展应用渠道，以培训促进应用效能，以评价提升应用水平。重点推进"课堂用、经常用、普遍用"这"三个用"，实现从少数人应用到广大师生普遍应用，从课外应用到课堂教学主战场应用，从展示性应用到日常性教学应用，逐步形成普惠效应。

基于目前社会大背景，"互联网+教育"已经成为目前孩子新的成长环境，这也对中小学教师信息化教学能力发展提出了新要求。2018年4月13日，教育部在印发的《教育信息化2.0行动计划》中提出的目标是：通过实施教育信息化2.0行动计划，到2022年基本实现"三全两高一大"的发展目标，即教学应用覆盖全体教师、学习应用覆盖全体适龄学生、数字校园建设覆盖全体学校，信息化应用水平和师生信息素养普遍提高，建成"互联网+教育"大平台，推动从教育专用资源向教育大资源转变、从提升师生信息技术应用能力向全面提升其信息素养转变、从融合应用向创新发展转变，努力构建"互联网+"条件下的人才培养新模式、发展基于互联网的教育服务新模式、探索信息时代教育治理新模式。

在这些大的政策和目标的引领下，各地相继出台了加快推进教育信息化的政策措施，特别是以应用为导向的信息化发展战略的思路更加清晰。

第二章
中小学信息技术的升级迭代

什么是中小学信息技术?

人们对日常所说的信息技术,通常有三种理解:一是指计算机技术;二是指计算机技术与网络技术的组合;三是指视听技术、计算机技术、整合技术。第三种理解显然是合理的。

我们所理解的中小学信息技术是指进入中小学"教""学""管"等领域的各种视听技术、计算机技术和整合技术,包括各种硬件和软件。

具体而言,中小学信息技术都包括哪些?其发展演进的历程又是怎样的?

目前,进入中小学的信息技术主要包括用于教和学的终端设备、支持这些设备的软件以及网络等。教师教学的终端主要包括计算机+投影+幕布、计算机+投影+交互式电子白板、触控一体机、平板电脑(或智能手机)+白板(或幕布)等,软件主要包括操作系统、网站、各种教学和管理的APP以及教学控制软件等。

教育信息技术的发展,既是科学技术发展的结果,也是教育工作者、技术人员不断交融、坚持以人为本、逐步实现教育理想的过程。大教育家孔子早在2 000多年前就提出了"有教无类,因材施教"的教育思想,但受到时代的局限以及科技发展水平的制约,在2 000多年的时间里,教育技术手段的发展是极其缓慢的。文字的出现、印刷术的发明、班级授课制的产生,虽然极大地提高了教育的普及程度,但指向个体的发展仍然十分有限。这主要受制于知识呈现方式的局限、教育资源的有限、教学反馈的不及时、师生接触的渠道单一等等。漫长的教育发展史,知识的呈现方式往往只是教师讲、学生听再加上纸笔书写,不仅形式单一,而且费时费力;由于拥有资源的不对称性,教师是知识的主宰者,教师讲什么学生学什么;学生学习的成效是要靠师生的现场对话、作业的完成情况以及察言观色等经验来判断，对每个孩子的了解也基本是凭经验来进行的，是一种依据部分来推断整体的模糊式评价；教师如果要给哪个学生"吃小灶"，也必须通过面对面的形式来完成，而这种个别化的教育或辅导，只能在有限的时间和地点内进行，数量也是极其有限的。可以说，传统的教育教学，个性化的程度是比较低的。

随着时代的发展和技术的进步，教育技术手段更新的速度越来越快、周期越来越短。投影机和幕布产生于20世纪90年代初，由于其图文并茂的呈现方式受到广大教师的喜欢，成为90年代末到21世纪第一个十年前半期的教学主导技术。2005年，国内第一块交互式电子白板走入普通教室，开创了我国交互式电子白板主导教学的历史。但是由于价格等因素，一直到21世纪第一个十年基本结束的时候，它都是与投影幕布相伴相生的。但前者总体上呈现欣欣向荣的态势，后者却日渐式微，最终让位给交互式电子白板时代。交互式电子白板以其超强的整合能力、多重交互的能力特别是调动学生行为参与和思维参与方面都较投影幕布有明显的优势，成为教师教学的新锐工具。与交互式电子白板的普及时间基本相同，融电脑、投影、屏幕于一身的触控一体机悄然而生，并陆续进入课堂，与交互式电子白板相映生辉，但其设计的理念和操作的技巧与交互式电子白板如出一辙，优点只是清晰度更高一点。随着网络技术和智能终端技术的发展，21世纪第二个十年伊始，移动平板和智能手机陆续走进课堂，并迅速呈现燎原之势。移动终端以其移动性、便携性、资源获取的广泛性和课堂生成的及时性等特性，为个性化人才的培养提供了现实的可能，深受老师们的喜欢。从各种技术经历的时间来看，投影幕布的黄金时间大约是15年（约1990—2005），交互式电子白板是10年（约2005—2015），触控一体机还在发展中（约2010年至今），移动终端的发展只是近5年的事儿。可以说，现代教育技术的迭代升级不仅越来越快，也逐渐从优化教学端向优化教学和学习两端转变，直接指向学生的参与、指向学生的主体地位。①

教育教学软件是与硬件相伴而生的。在移动端出现之前，教学软件主要是教学光盘、Flash课件等，教师主要是利用PPT课件进行授课；如果是电脑班教学，则通过电子教室管理学生电脑和进行师生互动，与家长的互动主要是通过邮箱、博客、QQ群等进行。移动端出现以后，各种教学APP应运而生，大量的数字资源、微课、微视频产生，平板班有专门的管理软件，平板

---

① 南国农.怎样理解信息技术及其教师素养形成［J］.现代远程教育.2013（1）: 2-5.

有专门的互动电子课件制作工具，与家长的互动也主要是通过"网络学习空间人人通"平台、QQ群、微信群等进行；用于教学制作的软件也朝着简单易学的方向发展，教学软件朝着互动式发展，整体上形式更加多样、更具吸引力、更注重学生的参与和体验。这些软件不仅给教师教学带来了便捷，也为学生的自主个性化学习提供了现实的可能。

以上谈的是硬件技术和软件技术的迭代升级，而要将这些软、硬件结合起来形成支持教和学的新的教学生态，教师信息化素养也需要相应地提高，这也是一个教师不断成长的过程，而在这个过程中也存在着不均衡的问题。

一是教师学历层次影响着教师信息素养的高低。教师队伍建设是一个不断更新换代和逐步累积的过程。受社会发展和经济基础的影响，越早参加工作的教师接触信息技术的机会越少，信息素养相对较低；越参加工作晚的教师，接触信息技术和新媒体的机会越多，信息素养也就越高。

二是城乡教师、先进地区和发达地区教师信息素养也存在着明显的差距。对于城镇中小学来说，因为经济条件稍好，学校里都配备了先进的信息技术教学设备；同时，对于设备的使用方法，学校都会在初期进行全体培训，即使有些教师没有及时掌握，也会在后续的工作过程中，通过自学或者向同事学习的方式掌握设备的使用方法。所以，对于城镇中小学教师来说，教学硬件环境虽然各个学校不尽相同，但是基本上都实现了不同水平的信息化教学。但是，对于乡村中小学来说，情况不容乐观。因为有些小学地处偏远乡村，孩子们有学上、学校里有固定的教师上课已经不错了，更不要奢望信息化教学。有些学校里会有一些从城镇学校捐赠过来的废旧电脑，但是很多也都是中看不中用的设备；即便能用，功能也是很有限的。在这样的学校里，即使教师有信息化教学能力，也会因为没有可以使用的设备而无从下手。设备的欠缺，严重制约了教师信息化教学的能力。[①]

基于以上两点，学校在升级信息技术软硬件的同时，必须同步跟进教师信息素养的迭代升级，而这是推进信息技术应用最根本的保证。

近年来，随着国家义务教育标准化、均衡化战略的实施以及免费师范生的培养，教师队伍的状况已经有了明显的改善，教师队伍的整体信息素养明显提升，这为下一步推进信息化教育奠定了比较好的基础。

① 王建芳.基于微课的中小学教师信息化教学能力培养［J］.基于微课的中小学信息化教学能力培养.南阳师范学院学报.2016（9）：74—75.

第三章

"计算机+投影"在教学中的应用

第一节　"计算机+投影"教学的特点及应用价值

"计算机+投影"教学属于多媒体教学，特指运用多媒体计算机并借助于预先制作的多媒体教学软件来开展的教学活动，又可称为计算机辅助教学（Computer Assisted Instruction，即CAI）；[①]其原理是依据教学目标和对象的特点，通过教学设计，合理选择和运用教学媒体，并与传统教学手段相结合，以多种媒体信息作用于学生，如静止图片、音频、视频等，形成合理的教学过程，使学生在最佳的学习条件下进行学习。[②]

"计算机+投影"教学是现代意义上信息化教学的开端，它是在计算机上制作"电子教具"，并通过投影机投射到幕布上，从而改写了手工制作教具、运用延续了几千年的方式进行教学的历史，具有划时代的意义。它在一个比较长的历史时期里主宰了课堂教学，甚至现在还在很大程度上发挥作用，尽管呈现端可能已经更换成高级幕布——交互式电子白板或触控一体机，但是仍然有很多老师喜欢在这样先进的媒体上应用"电子教具"。归根结底还是在于这种教学形式有其自身的特点和优势。首先是直观性，传统教学主要以

---

① 多媒体教学.360百科.https://baike.so.com/doc/4848464-5065580.html.

② 廖明燕，杜鹃.多媒体教学原理及其实现［J］.中国石油大学学报（社会科学版），2002，18（2）：106-109.

文本和教师描述为主，学生思维受到很多限制。而此环境图文并茂，有效突破视觉的限制，学生能够多角度地观察对象。这样，既能调动学生情绪、兴趣和注意力，突出重点，便于理解概念和掌握方法，又能有效引发学生联想，促进思维发展。其次是动态性，音、视频以及实验演示，真实情景的再现和模拟等，使学生能够经历知识产生的过程，既能有效突破教学难点，又能调动学生参与的主动性，有利于学生形成新的认知结构。再次是大信息量、大容量性，课件具有一定的资源整合性，除了文字、图片以PowerPoint（以下简写PPT，是微软公司的演示文稿软件）的形式呈现外，教师还可以把教学所需要的音频、视频链接进课件里，形成视、听完善的教学效果，从而极大地提高了教学的吸引力，激发了学生学习的兴趣，同时节约了时间和空间，提高了教学效率。最后是简单性，操作的门槛非常低，教师会用电脑就会播放PPT，只要点击鼠标就会一页一页地往下播放，不需要掌握过多的技术，因而普及率是相当高的。另外，PPT还可以帮助教师梳理教学思路，帮助教师解决备课上课容易遗忘的问题。在传统的课堂上，我们经常发现，由于紧张、分神等多种原因，教师有时会出现卡壳、思维短路等现象，造成尴尬的局面。而PPT的播放，则起到了有效的提示作用，从而保证了各个教学环节、教学活动的完整性和连贯性。这些优势的存在，正是PPT这种看似简单的媒体运用能够保持长久不衰的重要原因。

第二节　"计算机+投影"的应用及案例赏析

下面以小学数学"小数点位置移动引起小数大小的变化"为例，试述"计算机+投影"在教学中的应用。

一、教材分析

"小数点位置移动引起小数大小的变化"是青岛版小学数学4年级下册第五单元信息窗三第一课时的内容。本课是学生在已经掌握了小数的意义、小数的性质和小数大小比较的基础上进行学习的。学习这一规律，既是小数乘除法计算的理论依据，又是复名数与小数相互改写的重要基础；通过学习，有助于培养学生用联系变化的观点来认识事物。本节课不仅有着广泛的实际应用，而且起着承前启后的作用。

二、学情分析

4年级的学生，抽象概括、分类、比较和推理能力开始形成，思维的敏捷性和灵活性提高。大部分学生已经养成良好的学习习惯，学习积极性较高，数学思维灵活，有独立解决问题的能力，初步掌握了一些学习数学的基本方法，能较好地完成学习任务。这个阶段的学生已经有了小组合作完成学习任务的能力，虽然有个别学生学习积极性不高，但在其他学生的影响之下，他们的学习热情也会被带动起来。

三、教学设计

一、基本信息			
学校	青岛弘德小学		
课名	小数点位置的移动引起小数大小的变化	教师姓名	王倩
学科（版本）	青岛版小学数学	章节	第五单元信息窗三
学时	1	年级	4年级

二、教学目标
1. 借助计算器探索并掌握小数位置移动引起小数大小变化的规律。
2. 在合作探索中，引导学生找出与问题相关的条件，并能解决问题。
3. 在合作探索中，培养学生独立的思考能力和小组合作探索能力，提高学生的逻辑思维能力和语言表达能力。
4. 初步培养学生用联系变化的观点认识事物

三、学生分析
本课是在学生对小数和分数有了初步认识的基础上进行学习的。4年级的学生，其良好的学习习惯已经养成，大部分学生学习积极性很高，数学思维灵活，有独立解决问题的能力，掌握了一些学习数学的基本方法，能较好地完成学习任务。这个阶段的学生已经有了小组合作完成学习任务的能力。虽然个别学生学习积极性不高，但在其他学生的影响之下，他们的学习热情也会被带动起来

四、教学重难点分析及解决措施
教学重点：掌握小数点位置移动引起小数大小变化的规律。
教学难点：小数点位置移动时，位数不够，用0补足。
通过自主探究及观看老师做的PPT课件，学生对这一规律印象深刻

五、教学设计				
教学环节	环节目标	教学内容	学生活动	媒体作用及分析
（一）创设情境，激发兴趣	出示情境图，激发学生的学习兴趣，找出数学信息，提出数学问题	学生找数学信息（几维鸟的蛋重460.5克，一个几维鸟的蛋相当于10个锦鸡蛋……）学生可能提的问题：锦鸡蛋、杜鹃蛋、蜂鸟蛋各有多重？教师把本节课要重点解决的问题出示课件	学生欣赏图片，了解图片中的有关信息。学生交流自己从图片中得到的信息。学生提出问题	出示课件情境图，激发学生学习兴趣
（二）自主探究，发现规律	1. 探究小数点位置向左移动引起小数大小变化的规律。 **小数点左移的规律** 小数点向左移动一位，小数就缩小到原数的 $\frac{1}{10}$； 小数点向左移动二位，小数就缩小到原数的 $\frac{1}{100}$； 小数点向左移动三位，小数就缩小到原数的 $\frac{1}{1000}$； 小数点向左移动四位，小数就缩小到原数的 $\frac{1}{10000}$； …… 2. 探究小数点位置向右移动引起小数大小变化的规律 **小数点右移的规律** 小数点向右移动一位，原来的数就扩大10倍； 小数点向右移动二位，原来的数就扩大100倍； 小数点向右移动三位，原来的数就扩大1000倍； 小数点向右移动四位，原来的数就扩大10000倍； ……	下面我们来解决同学们提出的问题，请你们列出算式。追问：为什么这样列式？我们没有学过这种除法，怎么办？对，利用手中的计算器算一算。观察PPT上的三个算式，你们能发现什么？ $460.5 \div 10 = 46.05$ $460.5 \div 100 = 4.605$ $460.5 \div 1000 = 0.4605$ 观察上面的算式，你发现了什么？引导学生一个算式一个算式地观察。对学生的表达予以评价，引导其把话说完整。教师适时引导学生用数学语言总结小数点向左移动的规律	学生列算式： $460.5 \div 10 =$ $460.5 \div 100 =$ $460.5 \div 1000 =$ 学生利用计算器计算并交流计算结果。学生独立思考。发现小数点向左移动的规律。学生用自己的语言表述发现的规律	出示课件，学生直观观察小数点移动的过程。 通过引导性语言，学生再次感知小数点位置向左移动引起小数大小变化的规律

（续　表）

五、教学设计				
教学环节	环节目标	教学内容	学生活动	媒体作用及分析
（二）自主探究，发现规律	3.总结小数点位置的移动引起小数大小变化的规律	注：小数点位置移动时，位数不够，怎么办？ "同学们真了不起，自己就发现了小数点左移的规律。" "你们都喜欢孙悟空，一个主要的原因就是他手里的可变金箍棒吧？" 神奇的金箍棒。 瞧，这是孙悟空的金箍棒，现在是0.08米，请你将它扩大10倍、100倍、1000倍 现在金箍棒的长度是0.08分米，你能帮孙悟空把金箍棒扩大到它的10倍、100倍、1000倍吗？ 小组合作：1.在课堂本上列式算结果 2.观察算式，发现了什么 3.举例验证 4.得出结论	学生可能回答： 46.5除以10，就是把它缩小到原数的1/10，小数点就向左移动1位。 46.5除以100，就是把它缩小到原数的1/100，小数点向左移动了两位。 小数缩小到原数的1/1000，小数点就向左移动3位。 学生观察后发现：位数不够，用0补足。 学生通过小组合作，自己列式算结果，猜想、验证，得出结论： $0.08×10=0.8$ $0.08×100=8$ $0.08×1000=80$ 小数扩大10倍，小数点向右移动1位； 小数扩大100倍，小数点向右移动两位； 小数扩大1000倍，小数点向右移动3位。 学生观察老师操作得出结论	出示有关孙悟空及金箍棒课件，引起学生探究的兴趣。 明确要求，引导学生很好地完成合作任务
（三）巩固拓展，运用规律	学生用所学知识解决问题	 三、填一填 （1）0.632扩大到它的10倍是（　）。 （2）210.5缩小到它的$\frac{1}{1000}$是（　）。 （3）1.24扩大到它的100倍是（　）。 （4）39.6缩小到原来的$\frac{1}{100}$是（　）。 （5）（　）扩大到它的10倍是5.6。 一、判断 （1）把0.08扩大100倍是800。（　） （2）缩小1000倍就是2÷1000。（　） 二、选择 （1）把0.06缩小10倍是（　） ① 0.006　② 0.6　③ 6 让学生说出每组题目运用的规律	1.学生独立完成，做完后在组内交流自己的想法。 2.全班交流	出示课件，巩固所学知识的题目，学生认真审题并给出答案

（续 表）

五、教学设计

教学环节	环节目标	教学内容	学生活动	媒体作用及分析
（四）反思总结，构建网络	谈收获		学生谈一谈这节课的收获	

六、教学流程图

```
┌─────────────────────────┐
│   情境导入　激发兴趣      │
└─────────────────────────┘
            ⟳
┌─────────────────────────┐
│   自主探究　发现规律      │
└─────────────────────────┘
            ⟳
┌─────────────────────────┐
│   应用规律　解决问题      │
└─────────────────────────┘
            ⟳
┌─────────────────────────┐
│   引导总结　构建网络      │
└─────────────────────────┘
```

四、教学反思

1. 情境导入，激发兴趣

数学的学习来源于生活，本单元以孩子们喜欢的动物世界为情境，选取的素材是形形色色的鸟蛋，对学生有很强的视觉冲击力，使学生切实感受到数学存在于现实生活中。利用单元情境，延续上节课对鸟类的兴趣，为新知识的学习做好铺垫。

2. 自主探究，发现规律

学生对于自己探究发现的规律记忆深刻，本节课的设计是从一开始让学生用计算器算、到自己观察算式猜想规律、到验证总结规律，这个过程老师完全是"扶"，以学生为主，引导他们发现小数点位置向左移动引起小数大小变化的规律。课件中设计红色的点在蓝色数字中移动，让学生直观地感受到小数点移动引起小数大小的变化。而在总结小数点位置向左移动引起小数大小变化的规律之后，通过小组合作的方式，课件出示小组合作的要求，运用的是孙悟空的金箍棒变大变小的图片，吸引学生继续保持探究的兴趣，合作探究出小数点位置向右移动引起小数大小变化的规律。学生确实做到了借助已有的知识经验，在猜想—验证的基础上，独立探索出了小数点向右移动引起小数大小变化的规律。

　　3.总结规律，加深印象

　　将小数点左移右移的规律体现在一张PPT上，用动态的移动，让学生再次加深对小数点左移原数缩小用除法、小数点右移原数扩大用乘法的这一规律的认识。

第三节　"计算机+投影"在教学中容易出现的问题

　　"计算机+投影"虽然提供了丰富的资源呈现方式，吸引了学生的注意力，但是仍然逃不出"教"的窠臼。首先，课件的线性设计忽视了学生的主体地位，课件都是教师预设的。也就是说，教师从起点到终点已经画好了一条轨迹，课件的播放必须按照这条轨迹进行，教师即使考虑安排了一些分支，由于技术因素，也只能是按顺序播放。这就严重地束缚了教师和学生的思维，教师只能按照这一条轨迹带领着学生一步一步完成教学目标，教学的创造性大打折扣。其次，课堂生成问题容易流失。课堂的本质是互动和生成，生成的问题往往是最有价值的。当学生的认知水平与教师预设的内容出现不一致的时候，经验不足的老师往往会一带而过或者把学生的思维重新拉回来，有经验的老师往往采用对话、讨论、在黑板上书写等补救的办法进行处理，现场修改课件几乎是不可能的。当下课铃响后，为下一节课做准备的学生就会把这些生成的问题毫不犹豫地擦掉，教师也很少有机会再去修改和完善自己的课件，使课件增值利用的部分白白流失了。最后，也有部分教师因为备课不充分、技术不熟练或长期对课件产生依赖，把主要精力用在课件的操作上，忽视了与学生的情感交流，课堂师生互动不充分，从而使媒体沦为一种"热闹"的工具，没有发挥出其应有的作用。

　　基于以上的问题，教师在教学设计和教学过程中应注意以下几点问题。

1. 把学生放在教学设计和教学过程中的主体地位

技术是为教学服务、为学生学习服务的支撑工具之一。所以，PPT课件的设计要按照有利于提高学生学习兴趣、有利于帮助学生理解的原则，遵循学生的认知规律，突出事物的最本质特征，忽视非本质的次要特征（如与完成教学目标关系不大的音频、视频、动画等效果）；课堂上，教师要充分发挥本身的感染力，淡化技术因素，充分调动学生思维，促进他们深度理解。通过PPT课件的使用，既能够产生形象生动的课堂效果，也能够有效促进学生思维发展。

2. 与其他教学手段有机结合

不同的教育技术手段有各自不同的优势。例如，数学学具中的小棒，不仅有质感，而且能够培养学生的动手能力。因此，PPT课件要与传统的模型、标本实验、录音、录像、电影等手段有机结合，什么时候适合用什么就用什么，不要指望一种技术就能包打天下。因此，教师必须建立起多种技术工具整合的思想，在整合使用教育技术的过程中实现教学效益的最大化。

3. 重视课堂动态生成的处理

课堂的本质是互动和生成，但是教师的PPT课件在课堂上很难修改，因此很多时候要通过板书的方式来处理；而板书与课件相比，最大的优势是让学生经历知识产生的过程，而不是PPT课件的直接给予，一个主动，一个被动，学习的效果是不一样的。很多时候，师生板书的内容还要进行二次利用，怎么办？教师也可以借用自己的手机进行拍照留存，以备进行教学反思和再利用。总之，教师要有这样的意识，随时关注课堂的生成并灵活机智地加以处理和利用。

第四章
交互式电子白板在教学中的应用

第一节　交互式电子白板教学的特点及应用价值

交互式电子白板是基于PC（个人电脑，如台式机或笔记本电脑）的一种具有人机交互功能的输入设备，它包括电子白板、电子笔（或手指触摸）和相应的应用软件。通俗地讲，它是将电子白板连接到计算机，并利用投影机将计算机上的内容投影到电子白板屏幕上，在专门的应用程序的支持下，可以构造一个大屏幕、交互式的教学环境。利用特定的定位笔（包括手指触摸）代替鼠标在白板上进行操作，可以运行任何应用程序，可以对文件进行编辑、注释、保存等，实现利用键盘和鼠标在计算机上所进行的任何操作。

交互式电子白板可以与计算机进行信息互通，具有两重整合（以计算机技术为核心的信息技术本身的深度整合、交互式电子白板和课堂教学的有机整合）、多重交互（包括人-机交互、人-人交互、以教学应用为主的资源-资源交互）、易学易用等特征。这些特征带来了呈现方式的变化，也带来了教学方式的改变。

交互式电子白板与"计算机+投影"比起来，具有明显的优势，其特点主要是操作模式灵活多样、资源建设和管理方式灵活多样、应用方式灵活多样。

随着教育技术的不断发展和完善，交互式电子白板已经成为中小学基本的教学配备。与投影比起来，交互式电子白板不仅减少了教师与鼠标的交互环节，可以在屏幕上直接操作、直接书写，像在黑板上一样，师生可以面对面地进行肢体、语言、行为的交互，与传统教学有效对接，而且可以将学习内容放大或缩小以突出重点。更为重要的是，交互式电子白板可以自动记录各种学习活动以生成新的资源，在收集反馈信息、增加学生间和师生间的交流机会等方面发挥着重要作用，为课堂教学带来了更多的可能性。

立足于中小学课堂教学实践，我们应该从课堂教学入手，充分理解交互式电子白板的核心价值，增加交互式电子白板的关键性应用频率，使其充分为教育教学服务。

2013年，北京师范大学教师教育发展中心李芒教授带领团队，正式启动了国家级项目"基于交互式电子白板多元互动课堂的教学策略重构"的研究项目，力求以交互式电子白板这一实体技术为切入点，通过大量的课堂实践活动，探寻交互式媒体教学的优质策略。全国42所中小学参与了该项目的研究工作，提交了186份完整的教学案例，其中与交互式电子白板相关的有54篇。基于教学系统设计的理论，于妍、郑珠对这54篇教学案例进行了分析，总结出交互式电子白板在小学数学教学中存在的问题，并按照"学生本位"的理念提出交互式电子白板在小学数学课堂教学中的生成策略。①

2009年，高等教育出版社出版了首都师范大学王陆教授主编的《交互式电子白板与教学创新——从入门到精髓》一书。这是一本系统介绍交互式电子白板功能、基础应用和教学设计与教学的专业书籍，借助此书，利用交互式电子白板在全国开展了基于网络的教师专业发展（COP）项目的培训。淄博市周村区北门里小学就是首批参与培训的学校。参与培训的15名教师，在之后的信息化教学实践中，都成了中流砥柱，很多都成长为这一领域的"名师"。

下面以当前学校使用较多的普罗米修斯交互式电子白板为例进行相关的阐释。

一、操作模式灵活多样

交互式电子白板有四种操作模式，包括控制模式、注解模式、全屏模式和窗口模式。

1. 控制模式

控制模式就是利用电子笔（或手指触摸）在交互式电子白板的板面上直接操作控制计算机，电子笔就相当于鼠标，与鼠标在计算机上的操作功能完全

---

① 于妍，郑珠.信息技术条件下交互式电子白板教学实践研究［J］.赤峰学院学报（自然科学版），2018（6）：158-161.

·18·

一样。这种模式相当于教师用鼠标操作PPT，只是减少了教师与电脑交互的环节，教师可以直接面对学生操作。此种操作模式就像"计算机+投影机"模式一样，交互式电子白板只是起到了一块幕布的作用，主要体现的还是师本。

2. 注解模式

注解模式即是在交互式电子白板上任意书写、标画、绘图、擦除等的使用模式，既可以是在创建的空白页面上进行，也可以在任意的素材页面上进行，还可以在各种计算机软件运行的屏幕界面上进行。此种模式为教师提供了多种选择的工具，为突出课堂重难点、板书设计提供了极大的便利。

3. 全屏模式

全屏模式将书写区域最大化，在课堂即时授课中方便教师整屏显示教学内容，也便于集中学生精力以减少不必要的干扰。

4. 窗口模式

窗口模式是在白板的边缘区域（通常是上边或下边）设置了常用工具和常用操作的工具栏和菜单栏，同时在一侧（通常是左侧或右侧）提供了预览功能，包括页面预览、资源预览和文档附件预览，不仅"所见即所得"，而且体现了动态性的资源管理功能。

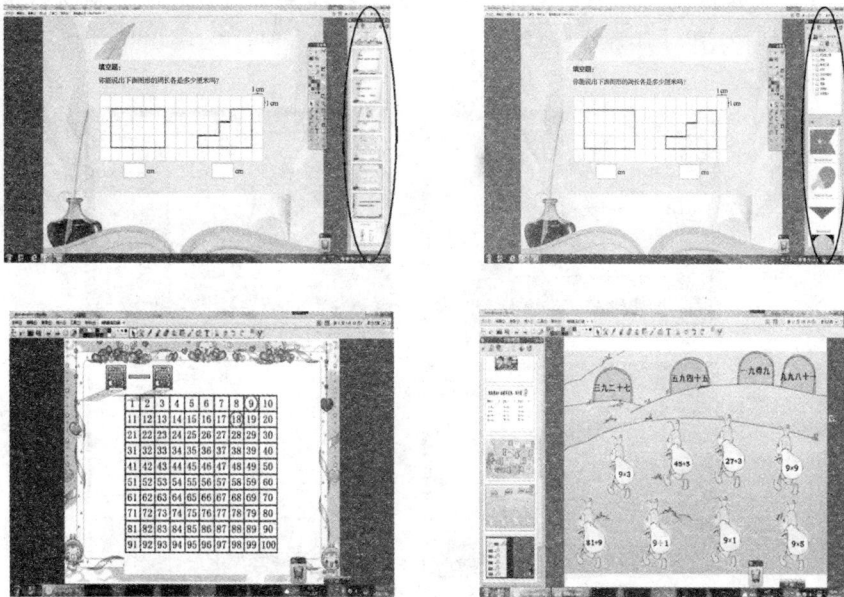

图4-1　窗口模式示图

二、资源建设和管理灵活多样

交互式电子白板的资源呈现非线性、开放性、素材化和可视化特点。

1.非线性

非线性是相对于线性而言的，它是指教学素材可以随机进入、逐帧调取，不再像PPT那样只能按照一定的顺序进行，教学的灵活性随之加大。

2.开放性

开放性是指资源库是开放的，教师可以根据需要准备若干素材，根据课堂进程任意选用，课堂上也可以把生成的新的资源添加或保存在资源库里，资源的建设体现了双主体，不再只是教师的"专利"。

3.素材化

素材化指交互式电子白板除了以一些固有的资源为基础外，还可以通过使用者的灵活扩展与应用，支持资源的生成性、动态性和建构性，针对多媒体资源进行文件管理和目录管理，有效支持教师灵活地运用其中的资源，以实现课堂教学中的动态教学设计。

4.可视化

可视化是指教师将教学素材放到资源库中，需要时打开相应的目录和文件，所有的素材就会以窗口的形式呈现出来；需要时找到相应的素材直接拖曳到白板的绘图区域中加以使用。

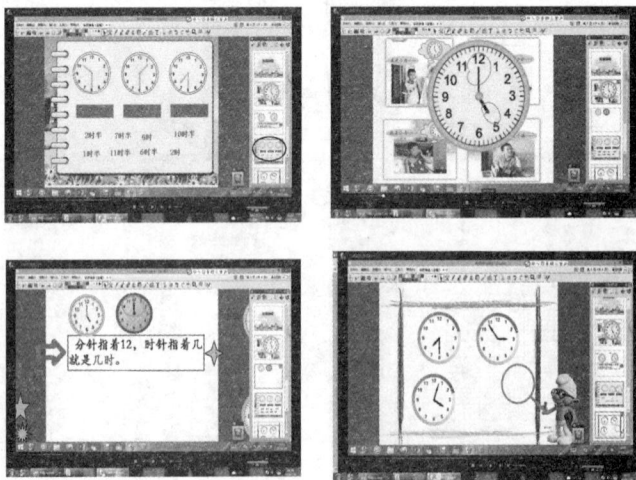

图4-2 非线性、开放性、素材化、可视化示图

以上四个特点集中体现了资源建设的生成性、动态性、建构性、交互性和主体性，这也是新课程改革所大力倡导的。交互式电子白板的技术优势在支持教师高水平预设的同时，为课堂精彩的生成和学生高质量地建构知识发挥了极大的价值。

三、应用方式灵活多样

根据交互式电子白板的特性，在应用方式上也更加灵活，基本可以归为四类[①]。

1.基本功能的应用

交互式电子白板本身就带有一套课件开发平台，在使用中通过教师日常教学应用的积累，逐步形成包含教学课件、教学设计、教学案例等为主要形式的学科教学资源。教师在操作电子白板时，可以调用工具栏里的工具，如书写、回放、拖曳、遮盖、幕布、缩放、聚光灯、截屏、刮奖刷等等。这些都属于基本功能的范畴。

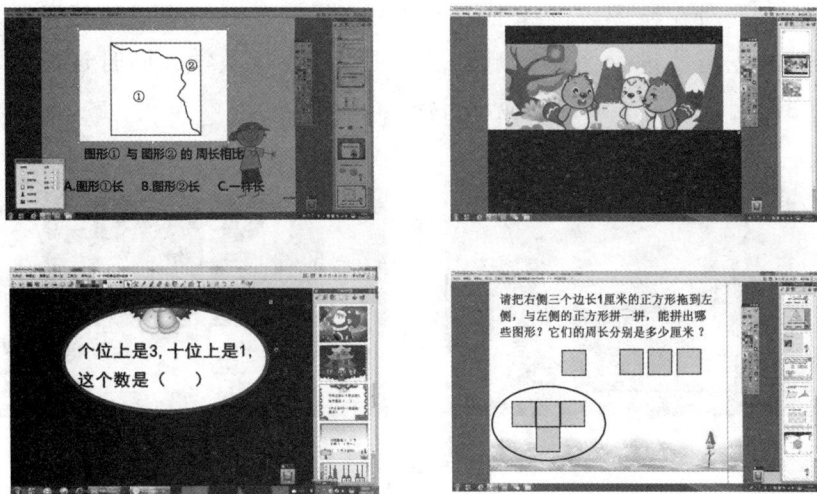

图4-3　基本功能示图

2.本地资源的建设与应用

交互式电子白板平台内置了一定的资源（比如语文学科有田字格、线格模板，数学的函数轴，英语的四线格，体育的足球场、篮球场，音乐的五线

---

① 王陆.交互式电子白板与教学创新［M］.高等教育出版社，2009.

谱等等），需要时就从本地资源里调出即可。教师还可以根据需要，将自己常用的学科资源添加到本地资源库里，如数学的圆规、量角器等以及语文的拼音格等，以方便自己教学的需要。

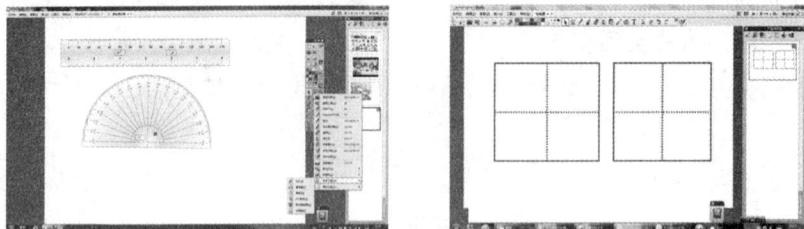

图4-4　本地资源示图

3. 窗口模式下个性化资源库的建设和应用

在窗口模式下，教师通过资源分类进行资源建设和管理，如文档类、图片类、音频类、视频类等。课堂上教师很容易就找到自己所需要的资源，同时在绘图区选择常用工具进行操作。对于生成的新资源，教师可以根据需要进行保存或删除，以便组织案例教学，同时延长了资源的使用周期，提高了资源的应用价值。

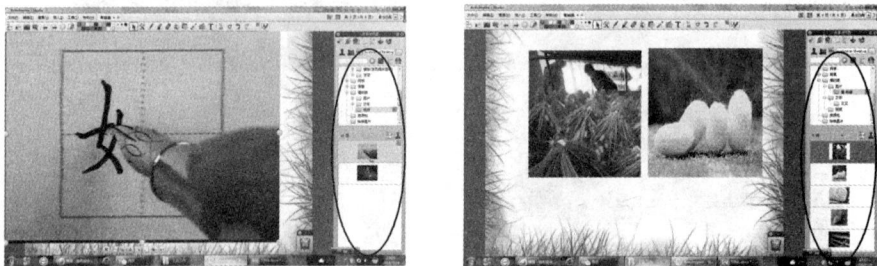

图4-5　窗口模式下的资源库示图

4. 与其他软硬件的整合应用

交互式电子白板还可以作为一个平台，调用、加工各种资源。比如，很多学校都用到一些学科资源，这些资源本身就功能强大，适合课堂，再加上电子白板则如虎添翼。比如，很多语文、英语等有声读物，教师可以在有不同的需求时点击不同区域。与硬件的结合也是一样，如与互动反馈系统、平板或智能手机等。离开了电子白板，教师就成了点击鼠标的"电影放映员"了，徒增一层交互。

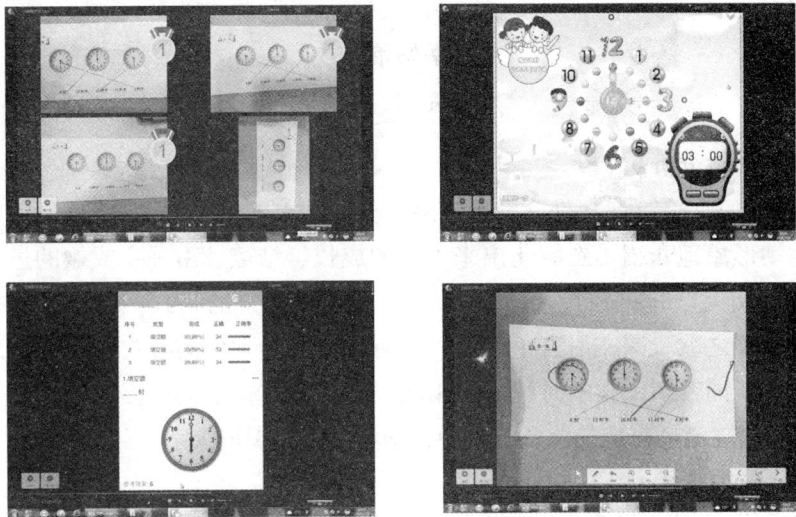

图4-6 白板与其他软硬件整合示图

当然，交互式电子白板的操作模式、资源建设方式和应用方式不是孤立存在的，教师要根据教学的实际情况灵活选择，多种形式并用，一切以适切为好。[①]

第二节 交互式电子白板的应用及案例赏析

交互式电子白板的应用还是有很多模式的，王陆教授在《交互式电子白板与教学创新——从入门到精髓》一书中，提出了基于学习活动的教学设计、授导型教学活动设计、探究型学习活动设计和网络教育活动设计等四种教学活动设计。在实际教学活动中，很多时候是穿插进行的。下面以窗口模式下个性化资源库的建设与管理为主，兼顾其他应用，例谈交互式电子白板在教学中的应用。现以小学语文苏教版2年级下册《蚕姑娘》和小学数学1年级下册《厘米的认识》为例进行说明。

[①] 王陆.交互式电子白板与教学创新［M］.北京：高等教育出版社，2009.

案例一

蚕姑娘

孙 悦

一、教材分析

《蚕姑娘》这篇课文是苏教版2年级下册教材中的一篇课文，用拟人的手法，生动形象地介绍了蚕孵化出来以后的成长、结茧、由蛹变成蛾的过程。课文用朗朗上口的ang韵、整齐有节奏的段式、反复的句式，奏响了一首春天里的成长之歌。课文语言生动、内容有趣，深受学生的喜欢。课文中出现的生字、新词较多，教学时我采用串联线索的方式，借助白板资源库展开教学，让学生在流畅有趣的课堂气氛中，学习语言，识记汉字。

二、学情分析

对于2年级的小学生来说，大部分学生都没有接触过蚕，所以学习这篇课文，学生生活经验较少，教学中老师需要注意这一点。另外，这篇课文的篇幅比较长，要求学生做到有感情地朗读课文、背诵课文是有一定难度的。好在课文的语言生动，句末注意押韵，读起来比较上口，第二到五自然段的段落结构相似。教师在教学中可以利用课文的这一特点，帮助学生更好地阅读理解。

三、教学环境

交互式电子白板+手机+希沃投屏软件。

四、教学设计（课堂实施方案）

教学环节	环节目标	教学内容	学生活动	媒体作用及分析
一、情境导入	导入新课，相机解释课文中的难理解的词语含义。随文识字，学写"娘"字。解决题目中的轻声字	师：春天到了，同学们，春姑娘会给我们带来什么呢？ 师：对，春天给我们带来无数的生机。有一种可爱的小动物，也在春天里开始生长了。它就是蚕。同学们，你们对它了解吗？		

（续　表）

教学环节	环节目标	教学内容	学生活动	媒体作用及分析
一、情境导入	导入新课，相机解释课文中的难理解的词语含义。随文识字，学写"娘"字。解决题目中的轻声字	师：今天我们就来学习一篇跟蚕成长历程有关的故事，它的名字就叫作——（板书课题，娘字写在四线方格内）蚕姑娘（"娘"字故意重读二声） 师：你说得很对！请大家再把题目读一遍。 师：这个字应该怎么写呢？让我们跟着胡老师学一学吧！（出示胡一帆写字视频）请同学们在练习本上写两遍。（教师巡视指导，拍照并用希沃投屏发到屏幕上，进行点评）	生：小花、小草…… 生：（预习过相关资料） 生指出老师读音错误，说明是轻声字，并示范正确读音 （生齐读） （生看视频过程中跟着书读）	利用白板资源库，相机出示蚕山、蚕床、蚕茧图片，帮助理解词语含义。出示胡一帆写字视频

教学环节	环节目标	教学内容	学生活动	媒体作用及分析
二、学习词句	学习文中的轻声词与特定句式，初步感受词的重复在句子中的运用	师：同学们，除了蚕姑娘以外，文章中还有哪些轻声词呢？让我们一起来看一看（出示，领生读）。 师：除了这些以外，文章还有其他轻声词吗？ 师：大家看看这些句子有什么共同的特点。 师：老师把其中一个词给遮住，大家再来读一读这些句子，说说它们读起来的感觉有什么变化。（遮住每句第一个词） 师：那么再请几位同学来读一读这些句子，把它们的感觉读出来	生：醒了……（师出示相关句子） 生：开头的词出现了两次 生：感觉没有原来那么活泼了 （生读）	 利用白板资源库，灵活出示学生找到的轻声词与句子。 运用白板遮罩功能，现场生成，对每句话的第一个词进行遮盖

（续　表）

教学环节	环节目标	教学内容	学生活动	媒体作用及分析
三、细读课文	细读课文前五个自然段，了解蚕的生长过程，品读句子	师：老师发现，这些句子中提到了很多姑娘，有黄姑娘、白姑娘、蛾姑娘……我们不是讲蚕姑娘吗？这些姑娘是从哪儿来的？我们到底要讲谁呀？ 师：那就请同学们翻开书读一读课文，拿出笔来给课文标上自然段序号，遇到不认识的字圈出来多读几遍，找一找蚕姑娘的生命历程一共有几个阶段？ 师：谁来说一说？ 师：那在课文中哪段生命历程经历的时间最长呢？ 请同学们翻开书，看看第二到五自然段。首先我们看它睡的第一回觉。又黑又小的小姑娘变成了黄姑娘，除了睡觉还干了什么呢？ 师：原来啊，要经历这么多动作呢。真神奇啊！请大家再把这一自然段读一下吧。 师：后面三回蚕姑娘也是只有这几个动作吗？ 师：那让我们再读一读第四和第五自然段，看看和前面相比还有哪句话不一样。（相机指导理解"从此"的意思） 师：大家再读读第三到五自然段，看看和第二自然段还有什么不一样	生：它们都是蚕姑娘，随着生长历程变得不一样了。 （生自读） （明确一共有四个阶段：卵、蚕、茧、蛾，师板书） （蚕，睡四次） 生找，明确四个动词：吃、睡、脱、醒。 （生齐读） 生：四、五自然段多了个"换"。 生：又……又……	运用白板笔功能圈点勾画，现场生成。 根据学习进度，拖动资源库中的文字资源对图片进行标注，加深印象

（续　表）

教学环节	环节目标	教学内容	学生活动	媒体作用及分析
三、细读课文	细读课文前五自然段，了解蚕的生长过程，品读句子	师：这些词都是形容蚕的，为什么说法却不一样呢？	生：因为蚕姑娘发生了变化。	又黑又小的蚕姑娘　　胖的 又黄又瘦的蚕姑娘　又白又嫩的蚕姑娘 利用区域快照功能生成现场资源。
		师：大家再读一读这些词。	（生读）	资源浏览器
		师：我把"又"字去掉，直接说黑小的蚕姑娘，请同学们读一读（出示）这样改好吗？为什么？	生：不好，那样更朗朗上口。	资源 (5).as4
		师：请大家再读一读，感受一下。	（生读）	资源 (6).as4
		师：我们都有相册来记录自己的成长历程。请大家帮帮忙，给蚕姑娘也做一个成长相册吧	（让生上台拖动现场生成材料，明确蚕的成长顺序）	

（续　表）

教学环节	环节目标	教学内容	学生活动	媒体作用及分析
四、学习生字，感悟精神	略读后两个自然段。学习本课生字，体会蚕不辞辛苦的精神，分享感悟	师：同学们，看，课文底下有一幅插图，小朋友们在一起观察蚕床里的蚕姑娘。假如你也是其中一位小朋友，看到蚕姑娘的这一系列变化，你会有什么感觉呢？带着这种感觉再来把第二到五自然段齐读一遍。 师：请大家自己接着读一读后面的两个自然段。 师：课文讲完啦，蚕宝宝还给同学们带来了一些词语，请大家一起认一认	（生齐读） （生读）	运用资源库中的相册框与现场生成资源，现场制作蚕姑娘的成长相册

（续　表）

教学环节	环节目标	教学内容	学生活动	媒体作用及分析
四、学习生字,感悟精神	略读后面两个自然段。学习本课生字。体会蚕不辞辛苦的精神,分享感悟	师：这节课我们学习了蚕姑娘这么神奇的变化过程,你们一定想看看吧？让我们通过视频了解一下。（播放视频） 师：蚕姑娘终于变成了蛾姑娘,你想对它说些什么呢？ 师：蚕姑娘的一生是多么有趣啊！感兴趣的同学可以回家后买一些蚕卵。通过孵化,观察一下它们的成长变化。相信大家在这个过程中,一定会收获很多的知识与快乐	（生：认读生词） （生：畅所欲言）	 相机出示资源库中的插图图片、生词以及视频

案例二

厘米的认识

荆茜茜

一、教材分析

（1）本节课是1年级下册第八单元信息窗1的内容——《厘米的认识》。本单元是"空间与图形"的重要内容之一。厘米和米是最常用的长度单位,学生在生活中已经有过接触,对长度有一定的感性认识,知道自然界中物体之间存在着长度上的不同,能够直观地比较某些物体在长度上的差异。本节课的内容正是在这样的基础上进行教学的,它是学生认识长度单位的开始,是今后学习其他长度单位和有关测量问题的基础。

（2）认识长度单位——厘米,借助多种探究操作活动、多种感官参与建立1厘米的长度观念,初步认识线段；体会统一长度单位的必要性,经历统一长度单位的过程；经历直尺的产生过程，明确直尺各部分的组成及初步学会如何用直尺测量物体的长度。通过估测，形成初步的估测意识和能力。在探究学习过程中，培养学生良好的观察、倾听、表达、交往、操作等习惯，引导学生加强数学与实际生活的联系并体验学习数学的乐趣。

（3）本节课的重点是建立1厘米的表象，难点是建立长度表象，因此根据学生的认知特点，还原数学生动、活泼的建构过程，设计了大量的数学活动，让学生用自己的活动构建对新知识的理解，形成自己的体验。大量的测量活动不仅有助于学生自主构建1厘米的长度概念，还对厘米这个长度单位的实际大小形成鲜明的表象；不仅使所学知识得到进一步的巩固和应用，还培养了学生的动手能力。

二、学情分析

1年级的学生第一次真正接触长度单位，虽然在上学期的比较中已经接触过高矮、长短等概念，但是对抽象的长度单位概念还是比较陌生的，因此将这节课设置成翻转课堂的形式。先将本节课基本的知识点，通过微课小视频让学生对本节课的知识点有一个初步的认识。另外，考虑到学生年龄小、抽象思维能力较弱等因素，设置了一些贴近学生生活和学生感兴趣的测量活动，帮助学生建立长度单位的表象。但是，因为学生拥有不同的生活经验，对于长度单位的认识肯定会有所不同，所以要适时地关注学生的差异，因材施教。

三、教学设计

教学环节	环节目标	教学内容	学生活动	信息技术作用及分析
一、创设故事情境	1.通过反馈结果，根据实际情况有的放矢地进行教学活动。2.由学生感兴趣的故事情境出发，能更好地激发学生的探究欲望	1.对学生微课学习的情况进行分析，并根据结果进行新课学习。2.向学生出示阿福新衣的故事情境，引导学生认真听故事，帮助阿福想一想这是为什么	1.学生听故事，思考故事里的主人公阿福遇到了什么样的难题	通过乐教乐学平台在课前向学生推送微课，学生可以提前学习部分基础知识。另外，通过平台反馈的数据，教师可以清楚地了解学生对于微课所涉及的知识点的掌握情况，方便教师有的放矢地引导学生学习新知识

教学环节	环节目标	教学内容	学生活动	信息技术作用及分析
一、创设故事情境	1. 通过反馈结果，根据实际情况有的放矢地进行教学活动。 2. 由学生感兴趣的故事情境出发，能更好地激发学生的探究欲望	3. 让学生思考我们该怎样帮一帮小裁缝，才能使阿福的新衣不会做小了，引导学生体会统一测量标准的必要性。 4. 明确"一拃"的概念，为后面的活动做铺垫	2. 学生独立思考，并交流为什么阿福的新衣会小了。 3. 学生比出"一拃"	通过乐教乐学平台在课前向学生推送微课，学生可以提前学习部分基础知识。另外，通过平台反馈的数据，教师可以清楚地了解学生对微课所涉及的知识点的掌握情况，方便教师有的放矢地引导学生学习新知识
二、回顾微课，探究新知	1. 通过回顾微课内容认识直尺，了解刻度、刻度线、零刻度、厘米（cm）的概念。 2. 能从直尺上找到1厘米和几厘米	1. 通过微课学习，学生已经认识了直尺。教师出示一把直尺，让学生找出这把直尺的不同之处。 2. 让学生找一找直尺上的1厘米和几厘米	1. 学生通过微课学习已经认识了直尺，回顾微课内容，回答老师出示的直尺和自己所认识的直尺有何不同之处，缺少了什么。 2. 学生找出直尺上的1厘米和几厘米 	1. 向学生出示一把不完整的直尺，由学生找出直尺中所缺少的部分，教师随机从电子白板的资源库中调取所缺的部分，在大屏幕上补充完整。电子白板资源库的利用使课堂不再只是教师预设的过程，而是学生主动生成的过程。 2. 学生找一找尺子上的1厘米，教师根据学生所找的1厘米，直接在白板上进行标画。电子白板的应用，使教学课件更加灵活，不再是一味地向学生播放预先设置好的动画效果，而是根据学生课堂的生成进行标画，让学生真正成为课堂的主体

（续　表）

教学环节	环节目标	教学内容	学生活动	信息技术作用及分析
三、实践操作，建立表象	通过大量实践操作活动，建立对1厘米的表象认识	1. 和学生一起建立对1厘米的表象认识。 2. 能找出生活中哪些物体的长度是1厘米	1. 学生通过各种感官感知1厘米的真实长度。 2. 找一找身边1厘米的物体，和同学们分享一下自己找到的1厘米的物体有哪些 	课前通过微课给学生布置"找一找生活中的1厘米"这一活动，并让学生通过乐教乐学平台上传图片。教师在收集图片后，整理上传到电子白板的资源库中，课堂上随机从资源库中调取某一位学生的活动成果，并让该学生和大家分享他所找到的生活中的1厘米。通过在课堂上分享自己的活动成果，可以增加学生的学习兴趣，进一步调动学生学习的积极性
四、灵活应用，解决问题	1. 通过操作活动，体会出用直尺测量物体长度的方法，让学生通过自己的归纳总结，得出测量方法，培养学生的归纳整理能力	1. 通过实际测量练习，让学生掌握测量方法，并会找出错误的测量方法 	1. 通过实际测量练习，让学生体会并总结出测量方法	在学生实际操作过程中，教师巡视并随机拍照，通过电子白板展示学生的测量方法，抓住学生在课堂中生成的问题，利用学生自己生成的问题进一步巩固测量方法，使学生真正地掌握测量方法

教学环节	环节目标	教学内容	学生活动	信息技术作用及分析
四、灵活应用，解决问题	2. 通过断尺和在没有直尺的情况下如何测量长度等问题，培养学生灵活解决问题的能力	2. 如何用断尺测量一个物体的长度？ 3. 量一量自己一拃的长度并用自己的一拃去估一估数学课本短边的长度 	2. 学生通过实践操作，找到用断尺量物体长度的方法。 3. 学生首先测量出自己的一拃的长度，再用一拃去估一估数学课本短边的长度；在巩固测量方法的同时，学会在没有直尺的情况下估测长度的方法	学生在实际操作过程中，教师巡视并随机拍照，通过电子白板展示学生的测量方法，抓住学生在课堂中生成的问题，利用学生自己生成的问题去进一步巩固测量方法，使学生真正地掌握测量方法
五、回顾梳理，内化提升	通过回顾梳理，培养学生自我反思、全面概括的能力	谈一谈本节课的收获	学生从知识、方法、情感等方面进行总结	

第三节　交互式电子白板在教学中容易出现的问题

从技术角度来讲，交互式电子白板已经相当完善了，原先前置的投影机的强光束随着短焦投影的出现已经迎刃而解了。但是，由于教室所用交互式电子白板的面积有限，造成投影到白板上的光线局部区域有高光的现象，这就使画面不够柔和，容易造成学生的视觉疲劳。因此，白板的材质要改进，投影机的分辨率也要适当。

从设计理念来讲，交互式电子白板作为教师教学终端，与以往的终端如幕布等比起来，已经发展到很高的水平。一是在班级授课制的环境下，也最大限度地考虑了学生主体，不仅能够让尽可能多的学生参与进来（很多白板已经有了多点触控功能，支持多个学生板演），而且从技术上设计了捕捉孩子思维参与的功能（如开放性的资源库等），但是仍然没有脱离教的模式。一是由于板面的限制，即使能够多点触控，真正参与白板操作的学生仍然只是少数，远不如在黑板上参与的学生那样多。二是传统的对话、讨论、提问、回答等方式也只能是少数，用部分来推断整体，也很难精准把握多数学生的掌握程度，更大程度上还是要依靠教师的教育智慧，更多地依靠教师现场把控的能力。同时，很多需要生成的信息无法在白板环境下实现，这就使课堂上有价值的资源流失掉了。好在现在一些白板企业已经植入了相应的软件，与互动反馈技术（表决器）、学生平板等结合起来，力图构建一个既面向全体学生又兼顾个性化的生态环境。三是交互式电子白板在板书设计上也受到很大限制，白板本身的书写没有问题，字体也多样，只是鉴于要经常翻动页面或建立新的页面，板书设计上不像传统黑板那样一直呈现在学生面前，起到突出重点和帮助学生建构知识的作用，反复地切换页面使得板书的利用价值打了折扣。四是交互式电子白板的应用还是有一些技术门槛的。前面介绍过的四种操作模式、四种应用方式如果不是经过系统的专业培训，很少有教师能够自己掌握，因此造成白板当幕布来用、电子笔当鼠标来用的司空见惯的现象。

基于上述问题，在应用交互式电子白板时应注意以下几个问题。

1.发挥教师的主导作用

不论什么信息技术，都只是教学活动的构成要素之一。教育的核心永远是人，教师的主导作用都不能弱化，这是由班级授课制的特点决定的。受板面限制，一部分学生在白板上操作，另一部分学生则可以借助教室的黑板进行，教师要能够灵活机动地运用不同的教学媒体，对于黑板上有价值的信息则可以借助智能手机拍照留存。板书则可以在黑板上书写，以不时提醒学生，并可帮助学生梳理思路和重点。

2.要加强教师对电子白板设计理念和实践操作的培训

白板不是一块高级的幕布，而是信息传递和知识建构的平台，把白板当幕布来用是对白板典型的"亵渎"。目前白板的培训，主要由产品供应商或者电教部门来担任。培训内容主要是停留在对电子白板基本功能操作的层面上，教师并不明白这些功能的设计理念，对自己的教学有什么帮助也不清楚，更多的是由于学校或教育行政或业务管理部门的要求而被动应用，因而使用的积极性并不高。因此，各地或学校可以申请加入有关的课题，借助专家或各地应用好的教师的力量来提升其应用水平。近年来，中央电教馆、中国教育技术协会每年都组织相应的比赛或课例展示，提供了很好的学习交流平台；借助会议进行观摩、交流、研讨，也是提升教师电子白板应用水平的一条很好的路子。

3. 要营造教师应用交互式电子白板的浓厚氛围

一个人走得快，一群人走得远。一项事业的推动必须要有群体的力量。学校可以采取任务驱动的形式推动应用，采取比赛的形式带动应用，采取课题研究的形式引领应用，采取评价的方式激励应用。教师在这种浓厚的应用氛围下，熟能生巧，逐步加深对电子白板价值的理解，从而发挥出电子白板应有的应用价值。

第五章
触控一体机在教学中的应用

第一节　触控一体机教学的特点及应用价值

　　触控一体机是触摸屏、液晶屏、工业PC单元（俗称的主机）以及一体机外壳的完美组合，最终通过一根电源线就可以实现对机器的触控操作。

　　触控一体机配备了全球最先进的多点红外触摸屏，触摸无延迟，回应灵敏，所有控制均在荧幕表面完成，任意物体（包括手指和笔）点击触摸屏，都可以控制所有应用程序，轻松实现手写文字、绘图、加注等功能，使用流畅，稳定可靠。

　　从功能上讲，触控一体机与交互式电子白板无异，只是交互式电子白板是计算机、投影和电子白板分离，而触控一体机则是将三者整合在一起而已，其性质、特点、应用价值都是一样的。

　　但是，从设计的角度来讲，触控一体机还是有很大优势的。交互式电子白板需要连接不同的设备（如PC、投影机）才能使用，因此很多电源线、电缆线都暴露在外，显得杂乱无序，也给人一种不安全感；因为要与投影机配合使用，而投影机又有一定的使用寿命，投影的图像会随着投影机灯泡使用时间的延长而慢慢变暗，甚至不清晰或者模糊，从而会影响学生的视力。投影需要在相应的暗室环境下进行，因此很多时候教室需要拉上窗帘，虽然教室有照明，但总不如自然光那样柔和。如果是长焦镜头，则有以下问题。一是前投光线会刺激教师和学生的眼睛，对眼睛造成伤害；二是学生虽然能看清投影内容却看不清教师的表情；三是教师的身影也会出现在屏幕上，对教学造成干扰。如果换成短焦镜头，这些现象就会得到改善。而触控一体机实现了高集成，它把PC、投影系统、幕布、显示系统、音响等集于一体，简洁明了，不需要再有电源线、电缆线，因而也就没有了杂乱无序的感觉；显示屏高清明亮，图像画面清晰，没有前投光线刺眼的问题；对光线环境要求低，不受外界光源影响，适应环境强；安装简单，内置电脑，不需要再有各种设备连接，技术门槛低，老师们容易上手；另外具备HDMI的高清晰多媒体等接口，支持多种设备接入。①

第二节　触控一体机的应用及案例赏析

触控一体机的设计理念与交互式电子白板如出一辙。下面以青岛版1年级数学上册《11～20各数的认识》为例，介绍一下触控一体机在教学中的应用。

一、教材分析

（1）本节课是在学生已经认识了10以内的数、掌握了数的顺序、能正确读写、会比较大小并且熟练掌握了10以内加减法的基础进行教学的。学生在实际的生活中对这些数字的概念已经有一定的生活经验。在此基础上认识11～20以内各数是学生认识数字历程中一个重要的里程碑。教材充分利用现实生活中的情景作为知识学习的切入点，借助学具，学生对11～20以内各数的意义有充分的理解，发展数感，渗透树形结合思想。同时，教材在认数和计算的编排上都注重了解决问题方法的多样化。

（2）对于计数单位和数位以及10个一是1个十的认识，有利于学生初步体会表示数的位值制原则，为100以内数的学习乃至更大的数的认识打下基础。在认数的基础上接着教学20以内的加减法，有利于深化学生对数的理解，发展学生的数感，也为学生后面学习20以内的进位加法和退位减法以及多位数的加减法等奠定基础。

（3）本节课的教学重点是掌握11～20各数的组成和读写，因为这是理解11～20各数意义的关键，也是进行加减法计算的基础。教学的难点是20以内数的写法，因为学生认识的10以内的数是读与写相对应；而读11～20的数，

---

① 触控一体机.360百科.https://baike.so.com/doc/890738-941571.html.

读的是"10"而写的时候，只是在十位上写"1"，学生容易产生困惑，因此这是学生学习的难点。

二、学情分析

鉴于1年级学生刚入学、年龄比较小、注意力容易分散的现状，可由学生比较熟悉的海边情境图入手，在唤起学生生活经验的同时调动课堂的气氛，增加学生学习的兴趣。在此之前，学生已经学习并认识了10以内的各数，并且有了一定的生活经验。而在实际的生活中，学生已经接触过数字11~20，在此基础上学习11~20以内的各数。先让学生借助实物数一数，然后借助小棒等学具数数，在数数的过程中感悟数的大小，掌握数的顺序；接着，把10根小棒捆成一捆，在直观的基础上抽象出10个一是1个十，然后用计数器表示出来，借助计数器进一步抽象化数的写法，让学生充分经历由直观到抽象的过程。

三、教学设计

教学环节	环节目标	教学内容	学生活动	信息技术作用及分析
一、创设情境	由学生熟悉的海边创设情境，能更好地激发学生的探究欲望	出示情境图，引导学生观察情境图，找出数学信息，并提出数学问题	学生观察情境图，找出数学信息，提出数学问题	教师从学科资源库中调取本节课所需的情境图，同时根据学生的回答从学科资源库中调取本节课所需要的数学信息和问题
二、自主操作，探究过程	学生通过数一数、摆一摆、拨一拨、写一写，认识11~20各数，帮助学生建立正确而清晰的数位和计数单位的表象	问题一：沙滩上有多少只海鸥？ 1. 数一数情境图中沙滩上有多少只海鸥。	1. 学生在触控一体机上画一画、数一数，海滩上有多少只海鸥。 2. 学生先用学具摆一摆有多少只海鸥，然后再在触控一体机上通过学科	学生通过在触控一体机上操作圈画，很好地体现了生机互动的效果，增加了在课堂的参与度，同时也能清晰地向全体学生展示自己的结果

（续　表）

教学环节	环节目标	教学内容	学生活动	信息技术作用及分析
二、自主操作，探究过程	经历从直观到抽象的过程，理解数的意义，增加数感	2. 通过小棒摆一摆。　3. 在计数器上拨一拨。　4. 在田字格里写一写	资源库中找到小棒展示的方法。　3. 学生试着在计数器上拨出11。　4. 写一写数字11	学生通过触控一体机展示自己摆一摆的方法。这样，不但可以充分体现学生解决问题的方法多样化和学生的主体地位，而且有利于培养学生的创新意识。教师也可以很好地利用课堂的生成性资源
三、知识迁移，内化巩固		问题二：沙滩上有多少个小朋友？　问题三：礁石上有多少只海鸥？	学生根据刚才的经验快速地数一数、摆一摆，并展示、交流自己的方法。　学生在计数器上摆出海鸥的个数	学生通过触控一体机交流、展示自己的方法，在内化巩固知识的同时，也锻炼了口语表达能力。生机互动，生生互动，师生互动使课堂的形式多样化，有利于学生的个体发展

（续　表）

教学环节	环节目标	教学内容	学生活动	信息技术作用及分析
四、灵活应用，解决问题	通过不同层次的练习题，既检验了学生对知识的理解和掌握情况，同时培养学生对知识灵活运用的能力	完成自主练习 1. 先圈出10个，再写出一共有多少个。 2. 按顺序填写数字。 3. 先按照样子圈一圈，再数一数一共有多少块。 4. 蓝精灵的神奇小屋	学生按照要求圈一圈，并写出对应数字。 学生根据刚才的学习内容按照顺序填写数字。 学生按照要求圈一圈，并写出对应数字。 学生说一说，移一移	通过设置形式多样的练习，增加生机互动、师生互动、生生互动的次数，调动了学生课堂学习的积极性；同时通过解决不同形式的问题，进一步巩固本节课的知识点，培养学生解决问题的能力
五、回顾梳理，内化提升	通过回顾梳理，培养学生自我反思、全面概括的能力	谈一谈本节课有什么收获	学生从知识、方法、情感等方面进行总结	

第三节　触控一体机在教学中的不足

触控一体机除了与交互式白板存在的问题相似外，在技术上还有三个明显的不足。

一是绝大多数触控一体机的界面要小于交互式电子白板，不方便学生观看。如果把字体变大的话，一页容量就可能变成了两页容量，所以反复操作也是一个问题；即使采用页面扩展功能，也不能一目了然地看到整页的内容，学生很难建立整体的概念。而如果采购大规格的设备，又面临昂贵的价格问题，这也不是很多学校能够承受得了的。

二是触控一体机相对高的亮度和高分辨率，对学生的视力是一个刺激。特别是坐在两边靠前的学生，受到的影响会更加明显，长时间观看不利于视力的健康。

三是触控一体机需要手指肚触控，教师长期触控屏幕，特别是指肚在屏幕上位移会很不舒服，有时会有些许疼痛的感觉。同时，要进行细微操作时，由于指肚面较大，精度不够高，也会出现过于"灵敏"或"迟钝"的现象，影响教学的流畅性。

鉴于触控一体机和交互式电子白板的基本原理是一致的，因此在使用过程中应注意的事项也是一致的。但是无论新设备有多么强大的教学优势，在课堂教学中也仅仅只是一种教学辅助工具，只有恰当地处理好触控一体机与学科教学的整合关系，才能有效提高课堂教学效率。

第六章

移动终端在教学中的应用

第一节 移动终端教学的特点及应用价值

据《中国互联网络发展状况统计报告》统计，截至2016年12月，中国已有网民数量7.31亿，其中手机网民数量6.95亿，网民中使用手机上网人群的占比由2015年的90.1%提升到95.1%。可以预见，智能手机和平板电脑等智能移动终端在人们生活以及学习中的应用会越来越广泛，其在教育教学领域的应用也迅速发展起来。[①]

移动终端教学是指在移动的学习场所或利用移动的学习工具包括课堂即时反馈系统（表决器）、手机、平板电脑等所实施的教学，是依托目前比较成熟的移动无线网络、国际互联网以及多媒体技术，学生和教师使用移动设备通过移动教学服务器实现交互式教学的活动。这种教学系统必须同时兼顾学生、教师和教育资源这三个方面，将三者通过该系统有机地结合起来。

它的特点主要有以下几个。

1. 移动性

教师手持移动终端可以在教室的任何地点进行操作，不再受三尺讲台的束缚，不再"高高在上"，可以轻松自如地走入学生中间，甚至可以把终端交

---

① 孙佳瑜，王延鹏.基于移动终端的移动学习在高等数学教学中的应用研究［J］.黑龙江教育（理论与实践），2018（4）：49-50.

给学生操作。这样不仅真正实现了师生平等，而且丝毫不影响教学的效果。

2. 获取资源的广泛性

互联网的世界是一个丰富的世界，移动终端和互联网相连，教师很容易就可获得来自网上的所需资源，包括搜索性资源、教学APP、教学网站等，这些都是教师教学强有力的支撑。

3. 课堂生成的即时性和易得性

传统课堂上要获取生成性信息，特别是保存生成性信息是很难的；而在移动终端环境下，手机、平板的拍照、截图、录像、录音等功能可以迅速地捕捉课堂上有价值的信息。

目前的移动教学尚处在探索的阶段，一方面学校的无线网络覆盖还是近几年的事情，时至今日，绝大多数学校仍然达不到无线网络全覆盖；二是移动教学终端的配备尚没有提上议事日程，标准化教室的配备目前没有移动设备，教师使用移动终端主要是利用个人智能手机进行一些教学探索；三是与教学匹配的资源还不多，主要是一些教学APP，有些还需要付费才能使用，从而影响了教师使用的积极性。但是，随着移动互联网技术的发展，这种新型的教学形态会快速地进入课堂，成为教学新的组成部分。

近年来，各级举行的信息技术与课堂教学融合的教学比赛，会偶尔看到有的教师在进行这样的尝试，有的老师会利用手机翻动PPT，有的进行课堂信息的采集并投屏展示或讲解，有的利用教学APP组织教学，这些都给传统课堂注入了一股新风，在一定程度上促进了课堂教学的改革。

第二节　移动终端的应用及案例赏析

目前，智能移动终端包括智能手机和平板电脑与班班通设备已经组成了一个新的信息化教学环境。这种环境兼有班班通和移动教学的双重优势，越来越受到广大教师的青睐，并在课堂教学中进行了有益的探索。

下面分别以小学语文部编教材1年级上册《大小多少》、小学数学青岛版1年级上册《10的加减法》、小学2年级音乐《劳动最光荣》和小学3年级体育"篮球原地运球"为例进行说明。

课例一

一、基本信息			
学校	青岛弘德小学		
课名	大小多少	教师姓名	王广凤
学科（版本）	部编版新课标教科书语文1年级上册	章节	识字7
学时	1	年级	1年级

二、教学目标

学习目标：

　　1. 能正确、流利、有感情地朗读课文，体会文章中优美的文字、生动有趣的语言。

　　2. 感悟作者通过画太阳所要表达的美好心愿。

能力目标：培养学生的想象力、创新能力、表达能力。

情感目标：培养学生的艺术审美情趣

三、教材及学情分析

　　《大小多少》是部编版新课标教科书语文1年级上册第五单元的一篇识字文。

　　这首儿歌由四小节组成。每小节有两行，第一行从"大小"或"多少"的角度进行简单比较；第二行通过具体事物，感受"大小"或"多少"的关系，提示学生对于不同大小、不同数量的事物要用恰当的量词来表示。

　　全文每个自然段结构相近，节奏明快、轻松活泼，朗朗上口，极富儿童情趣。学生在反复的朗读和练习中能迅速地将文章内容背诵下来。

　　本课的教授对象是1年级的学生，他们活泼好动，大胆，不怕羞，敢于表现自己，充满想象力，对于本课《大小多少》这一短小上口的儿歌类课文兴趣会比较大。但是受个体差异以及原有知识水平等因素的影响，学生的知识经验、认知水平和语言表达能力都存在着较大的差异。一部分学生思维活跃，语言表达能力强，对事物有自己一定的见解，也乐于与人交流；一部分学生只能初步认识一些客观事物，用一些零碎的、不规范的语言表达自己的意愿，甚至连朗读课文都有困难。在教学中，教师应力求尊重学生的个体差异，关注他们不同的学习需求，力求每个学生的思维能力、表达能力、想象力等都能有所提高

四、教学重难点分析及解决措施

　　1. 认识课文生字词，准确熟练地朗读并背诵课文。

　　措施：让学生充分地读，通过各种形式的小游戏，让学生在欢乐的气氛中进行课文的朗读和背诵。

　　2. 初步了解并运用数量词。

　　措施：通过教师的讲解以及举例等让学生了解数量词，鼓励学生大胆进行说话练习以进一步掌握并尝试运用数量词

（续　表）

五、教学设计			
教学环节	环节目标	教学内容	学生活动
一、游戏导入，激发兴趣	激发兴趣，导入课题	通过"猜猜我是谁"小游戏，导入课文内容的主要展示部分——农场；通过游戏方式运用大黄牛小花猫的音频，引出课文第一小段的主人公	1. 课前游戏导入。 2. 将小游戏引入课文
二、随文识字，在情境中学习	随文识字，认识量词	通过大黄牛和小花猫引出"大"与"小"、"一头""一只"引导学生初步了解量词。通过展示汉字演变图示，引导学生学习"牛""小"二字的读写。通过"大黄牛和小花猫和大家玩得这么开心，他们的好朋友也想来参加了呢"引出后文中"多"的"一群鸭子"和"少"的"一只鸟"	1. 大声朗读课文。 了解量词的特点，并比照"大小""多少"这一对反义词进行说话练习。 2. 随文识字，认识"黄牛""猫""鸭子""鸟"等生字，并学习"牛""小""少"的读写
三、游戏巩固，反复朗读	通过多种形式的朗读，让学生充分熟悉并尝试背诵课文	通过多种形式的朗读，让学生充分熟悉并尝试背诵（课文）	通过集体拍手读、同桌之间拍手读等游戏方式，学生可以快速熟悉课文，体会课文节奏，并达到背诵效果

（续　表）

五、教学设计

教学环节	环节目标	教学内容	学生活动
四、自学练习，提升能力	根据前文学习模式，培养学生自学能力，将课堂充分还给学生	通过前文学习，教师放手让学生自行画出后面两个小段落中的反义词、量词，并根据生字表将本课生字词圈画出来，并根据拼音读准确	1．播放欢快的背景音乐《卡农》。 2．让学生根据要求圈画相关字词，培养学生的自学能力。 3．同桌之间互读，互相纠错。 4．请学生听范读后，小组齐读
五、回顾课文，游戏巩固	尝试背诵，通过游戏巩固本课重难点	通过开小火车等方式引导学生尝试背诵课文；通过"玩转大转盘"小游戏，让学生在游戏中巩固本文生字词和量词等相关内容	1．学生通过开小火车的方式尝试背诵课文 2．通过"玩转大转盘"游戏巩固学生生字词和量词的掌握效果

六、教学流程图

游戏导入 激发兴趣	随文识字 在情境中学习	游戏巩固 反复朗读	自学练习 提升能力	回顾课文 游戏巩固
通过小游戏，引出本文主要情景——农场，使后文相关内容全部在情境中进行。	通过农场中的动物朋友引出"牛""鸟"等生字，以及相关量词。通过说话练习，巩固掌握。	通过多种形式的朗读，使学生能够充分熟悉课文，并且在熟练朗读的基础上尝试背诵，达到量词口语化目的。	根据前文内容的学习，放手让学生进行后文内容的自学，锻炼他们的自学能力，并巩固前文所学内容。	通过各种生动、有趣的小游戏，让学生在欢笑中巩固所学知识，结束课文内容。

课后反思：

本课我采用了explain课件，并通过希沃授课助手进行投屏展示，这样方便我在"幕后"操作课件中的相关动画和图片，比如让小鸟飞出来、让大黄牛走过来等等，这些大大增加了学生的学习兴趣。因为本文段落分明，节奏明快活泼，且所涉及内容相对来说较常见，我将更加注重课堂的活跃性和舒适性。在授课过程中，我设定了"农场"这一特殊情景，在情境中进行课程内容的推进，并且我在多个环节都采用了小游戏的方式，如导入时的"猜猜我是谁"、过程中的同桌齐唱拍手歌以及结束时候的"玩转大转盘"等等，学生在特定情境中、在欢乐积极的气氛中进行语文学习。

另外，在本课中，我充分将课堂还给学生。因为本课的重难点之一就是量词的学习和运用，因此我给了学生充分的表达空间，让他们尝试去说。又因为本课段落简单、结构相似，所以我让学生在后半段中通过同桌合作等方式尝试自学。这样，既培养他们的自学能力又能提高他们的合作能力。

但是本课仍有些不足，比如：因为投屏的局限性，孩子上台展示的机会相对较少，在最后的"玩转大转盘"环节中，小小操盘手人数太少，很多学生没能获得"操盘"的机会；学习生字时，汉字演变的讲解没有动画形式，只有图片和教师的口头讲解，不够生动。

课例二

10的加减法

荆茜茜

一、教材分析

（1）本节课是学生在认识了10以内的数的基础上学习的，它同时也是学习20以内加减法的主要认知基础，是今后学习更复杂计算的重要基础。本节课以及本单元是全册教材的重点之一，在整个小学数学教学中也有非常重要的地位，因此在教学时要尊重学生的认知基础，结合教材创设的情境，联系学生的生活实际，组织丰富、有效的教学活动，促使学生在主动探究、合作交流的过程中掌握知识、提高能力。

（2）能正确计算10的加减法算式，熟练地掌握加减法算式之间的关系以及一图四式，为以后学习更大数字的加减法打下基础。逐步培养学生数学思考的能力、解决简单实际问题的能力以及合作、交往、探究的能力。通过操作、小组合作学习，使学生在实践活动中体验学习数学的乐趣，激发学生积极探索新知和学好数学的愿望。

（3）本节课的重点是学生能够熟练地掌握加减法之间的关系，准确口算出有关10的加减法。难点是理解一图四式，既可以从"合起来"的角度看，也可以从"分开"的角度看，列出相应的加减法算式，加深对加减法含义的认识，从而初步体会加减法之间的内在联系。在教学过程中，通过学生自己在平板上形成的图形以及游戏的方式，通过多种形式的练习，加深学生的理解。

二、学情分析

1年级学生刚入学，年龄比较小，注意力容易分散，本节课我承接之前花果山的情境串引出小猴分桃子这一情景，给学生提供了一种熟悉、有趣、生动的场景，有利于激发学生探索问题的欲望。学生在学习10的加减法之前已经有7、8、9加减法的铺垫，所以对这一类型的加减法比较熟悉，也有一定的计算能力和计算方法，并且学生在入学前对10的加减法已经有了一定的认知基础；但是，不同的学生学习方法的掌握情况存在着较大差异，要承认学生的这种差异，尊重学生的个性，因材施教。

三、教学设计

教学环节	环节目标	教学内容	学生活动	信息技术作用及分析
一、创设情境	由学生熟悉的情境出发，能更好地激发学生的探究欲望	1. 联系之前的情境串，出示情境图，引导学生观察情境图找出数学信息，提出数学问题。 2. 让学生思考小猴该怎么分的问题	1. 学生观察情境图，找出数学信息，提出数学问题。 2. 学生独立思考，并交流如何帮助小猴子分桃子	教师通过平板电脑投屏展示情境图，平板电脑拉近了学生与教师之间的距离，使教师不再只局限于讲台之上，还可以走到学生中去，和学生更好地交流沟通，促使课堂更加生动活跃。并且，教师还可以在平板电脑上随意地放大和标注情景图，引导学生从中提取有用的信息

（续　表）

教学环节	环节目标	教学内容	学生活动	信息技术作用及分析
二、自主操作，探究过程	通过学生自主操作平板电脑上的Explain Everything，体会分一分的过程，并探究记录的方法，进而理解10的加减法的意义以及一图四式	1. 出示分一分的要求。 二、你说我讲 怎样分呢？ 把桃子分成两排，每分得一次就把两堆各分得几个桃子用你喜欢的方式记录下来，然后再分一次。 2. 由学生的记录方法引出表格的记录方法，让学生再次分一分，完成表格，请学生在电子白板上演示分一分的过程，每分得一幅图，写出该图片所对应的加减法算式	1. 学生自主在平板电脑上操作，并将结果用自己喜欢的方式记录在任务单上。 2. 在电子白板或者平板电脑上再次操作分一分的过程，完成表格，并说出每分得一幅图所能得到的四个算式	学生借助平板电脑Explain Everything课件中的桃子进行分一分，更加直接、明了，便于学生理解。 分一分，并用你喜欢的方式记录在纸上 教师在巡视的过程中直接利用手中的平板电脑对学生的实践结果进行拍照，并利用希沃APP投屏向全班同学展示，便于学生交流分享。并且，希沃APP中的小奖章也能很好地对学生进行鼓励和评价。 学生通过在平板电脑上拖拽，相比较传统学具更方便，也更节省时间。只需要教师提前制作好课件，上课前统一传送给学生。学生课余不需要花费大量的时间来制作学具

（续　表）

教学环节	环节目标	教学内容	学生活动	信息技术作用及分析
三、交流小结，促进发展	通过观察比较，锻炼学生的归纳总结能力	将得到的算式整理到一起，让学生观察比较其中的规律和特点，从而得出本节课的课题 	学生通过观察白板上的算式，归纳总结	
四、灵活应用，解决问题	1. 通过口算练习巩固学生10以内的加减法的口算能力。 2. 通过有趣的操作激发学生的学习兴趣，深化学生的理解	完成自主练习。 	1. 开小火车，进行口算练习。 2. 学生操作交互式电子白板，进一步巩固10以内的加减法的口算能力。 3. 分析图片，得出四个算式。 4. 学生自主操作平板电脑上Explain Everything的转盘，选定图片后得出一图四式。 5. 学生自主在平板电脑上的Explain Everything上组合图片，然后进行交流	第四个自主练习，在平板电脑Explain Everything里设置一个转盘的小游戏，学生启动转盘。学生按下按钮让转盘停止，然后说出转盘指针所指图形的一图四式。通过这种趣味的活动，激发学生的学习兴趣，活跃课堂氛围，让学生做学习的主人。 第五个自主练习，同样是借助平板电脑上的Explain Everything，将原本设定好的数学故事的图片变为开放式的，由学生自己在平板电脑上拖拽组合，增加学生学习的主动性。另外，教师在巡视的过程中通过手中的Ipad拍照上传到大屏上，方便学生交流和分享

（续　表）

教学环节	环节目标	教学内容	学生活动	信息技术作用及分析
五、回顾梳理，内化提升	通过回顾梳理，培养学生自我反思、全面概括的能力	谈一谈本节课有什么收获	学生从知识、方法、情感等方面进行总结	

课例三

教学设计表

一、基本信息			
学校	青岛弘德小学		
课名	劳动最光荣	教师姓名	战沛娜
学科（版本）	音乐（人民音乐出版社）	章节	第五课
学时	1	年级	2年级

二、教学目标

1. 认知目标：通过不同的形式来欣赏歌曲《劳动最光荣》，了解歌曲的内容，熟悉歌曲的旋律。

2. 行为目标：通过聆听、模仿、哼唱、表演等音乐实践活动，观察生活中的各种劳动歌曲，从而了解音乐来源于生活。

3. 情感目标：在欣赏中激发学生热爱劳动、热爱生活的思想情感，感知劳动的光荣，懂得孝敬父母和幸福的生活要靠劳动和智慧来创造的道理

三、教学重难点分析及解决措施

激发和培养学生对音乐的兴趣，能自然、有表情地演唱歌曲和编创歌曲，激发学生从生活中寻找音乐元素的积极性

四、教学设计

教学环节	环节目标	教学内容	学生活动	媒体作用及分析
一、导入新课				

（续　表）

四、教学设计

教学环节	环节目标	教学内容	学生活动	媒体作用及分析
二、聆听	欣赏乐曲，感知内容。 聆听音乐，模仿练习	播放音乐。 1. 播放"劳动最光荣"课件。 提问：你们都听到了哪些小动物？小动物们在干什么？	学生模仿小动物的动作。 学生来表演歌曲——扫地、擦地、擦桌子、擦黑板、倒垃圾…… 让学生模仿小动物劳动	发挥集体智慧，培养学生互帮互助、共同提高、共同创作的协作精神。 在聆听的过程中，模仿小动物劳动的画面
三、学习新歌	运用4D技术提高学生学习兴趣。 让小动物来到学生身边欣赏完整版《劳动最光荣》。 运用白板技术让学生在学习的过程中连一连	1. 它们来到了咱们的音乐课堂（4D）（歌中唱了蜜蜂、喜鹊、小鸟、小公鸡他们在劳动，蝴蝶在玩……），和它们合个影吧！再听音乐。 2. 启发学生生活中劳动时用动作来进行表现。 3. 欣赏《小猫钓鱼》的主题曲《劳动最光荣》，了解歌曲创作的时间背景。 4. 你们真是爱劳动的好孩子，我们一起来看看同学们在家里是怎么劳动的	边听边根据歌曲内容自由做动作。 注意演唱节奏和力度。 学生回答歌曲名称。 学生自己得出：要唱得轻松、活泼，结束句要唱得干脆利落。 学生自由发言合作讨论，引导学生要在生活中主动做一些力所能及的家务活	以模仿动物动作导入，学生既感兴趣又为下面的教学做铺垫

（续　表）

四、教学设计				
教学环节	环节目标	教学内容	学生活动	媒体作用及分析
三、学习新歌	学唱歌曲的同时，希沃投屏现场生成资源。学唱歌曲。动手劳动。通过人人通平台看看学生在家里劳动的场面。现场生成资源。PAD小软件应用小小钢琴演奏	5. 给这些爱劳动的同学加油吧！（一起加油）学唱歌曲的衬词部分：1 1̲2̲｜1 1̲2̲｜3　2｜3　0｜哎啰　哎啰　哎啰　哎，1 1̲2̲｜1 1̲2̲｜3　2｜3　0｜哎啰　哎啰　哎啰　哎，6̲6̲ 6̲5̲｜6　0｜哎啰　哎啰　哎 6. 我们看这个小朋友在家帮妈妈干什么。完整听歌曲《洗手绢》录音范唱，出示歌曲名字《洗衣歌》。 7. 有节奏地朗读歌词。 8. 用教唱法分句教唱歌曲。 9. 歌曲处理：这首歌曲的情绪是怎样的？你认为应怎样演唱？表现劳动的欢乐情绪。 10. 提问：你为什么要帮助妈妈劳动呢？当你帮助大人干活的时候，心里想什么？……请学生用手绢做一做洗手绢的动作	学生合作学习，分组模仿老师进行歌曲表演。 在学唱歌曲中感知劳动的快乐。 乐教乐学。在家里劳动画面。 学唱歌曲。 希沃投屏。现场生成资源	进一步了解歌曲背景。 采用提问的方法，步步引导学生体会劳动的快乐。 操作白板，动手练一练。 应用希沃投屏技术。学生在学唱歌曲中懂得自己的事情自己做，教师则在音乐教学中渗透思想教育

（续　表）

四、教学设计				
教学环节	环节目标	教学内容	学生活动	媒体作用及分析
四、歌表演		1．请学生用手绢做一做洗手绢的动作。 2．师带领学做"挽花"，准备手势兰花掌，掌心向上，小指带手掌由外向里、向下，转腕一圈成掌心向下，然后压腕立掌。 3．请学生两人为一组，进行动作表演，并试着将动作连起来。教师带领学生练习	学生看视频，模仿动作	 现场生成资源。 自己动手。 感知动的快乐。 插入微视频。 练习压腕动作
五、创编活动	应用白板，让学生进行歌曲创编。 应用钢琴小软件	听伴奏乐，集体边唱边跳。比一比，哪个小组演得好。 1．教师：想一想，我们除了帮妈妈洗衣，还能干什么活呢？我们和好朋友互相讨论一下，把歌词改编一下唱一唱。 2．学生间互相合作，边唱边跳。（引导学生在合作时，要看到别组同学在合作中所起的作用）		 运用白板，创编歌词 创编后进行表演

（续　表）

四、教学设计

教学环节	环节目标	教学内容	学生活动	媒体作用及分析
六、总结		你们都是勤劳的好孩子，在好好学习之余积极参加劳动是最好的。希望我们班的小朋友都成为一个既学习好又爱劳动的人！学生听《劳动最光荣》，走出教室		

课例四

篮球原地运球

一、指导思想

本课依据课程标准，以"健康第一"为指导思想，通过探究、合作、游戏、比赛等方法进行教学，让学生在学习的过程中享受体育成功的乐趣，在自主、互动、尝试和体验的过程中获得参与体育活动的乐趣，促进学生身心和谐发展，激发学生对篮球的学习兴趣。通过教学，让学生建立规则意识，树立良好的团结合作和积极进取精神，培养创新意识。因此，我根据四年级学生年龄特点及身体技能发展情况制定了以下教学目标。

二、教学目标

1. 引导学生初步掌握篮球原地运球的基本方法。

2. 通过学习提高学生的协调性和灵敏性。

3. 培养学生遵守规则、团结协作的能力，增强学生的集体荣誉感及对篮球的兴趣。

三、学情分析

近年来，小学生的身体素质和运动能力呈下降的趋势，运动参与兴趣降低。针对这一情况，在3年级的体育教学安排上，我选择篮球这一项孩子们感兴趣的内容，通过探究合作、游戏、展示等方法进行教学，增强学生活动的积极性。本节课是一项实用性较强的技能运动项目，它在教学中要求学生学会正确的原地运球方法，从而为更好地篮球技术学习打下基础，发展学生身体素质、灵巧性、协调性，培养他们的规则意识和意志品质。通过课堂教学，有效地提高学生的原地运球技术，培养学生克服困难、战胜自我的信心和勇气。

四、教学环境：LED大屏+平板电脑+希沃投屏软件

教学内容	篮球原地运球			水平阶段	水平二（3年级）	
教学目标	1.学生初步掌握篮球原地运球的基本方法。 2.通过学习提高学生的协调性和灵敏性。 3.培养学生遵守规则、团结协作的能力，增强他们的集体荣誉感及提高他们对篮球的兴趣					
课的顺序	教学内容	时间	次数	学生活动	教师活动	媒体作用及分析
开始部分	课堂常规： 1．体育班长整队，报告人数，师生问好。 2.安排见习生	1		1.体育委员报告人数。 2.明确本课内容。	1．检查学生着装情况。 2．创设情境，引出本课内容，调动学生积极性	 利用希沃投屏软件将课前准备的PPT投到LED大屏上
	热身活动： 1.学生模仿教师进行篮球基本脚步的移动（侧向、后撤、转身等）。学生按照教师的口令移动到相应位置，通过脚步移动达到热身目的。 2.结合练习向同学介绍篮球场地和篮球规则手势的相关知识。 3.通过游戏分组发篮球	10	2	1.认真观察，细心模仿。 2.能够明白教师所讲的篮球场地的相关知识。 3.反应灵敏、迅速。 4.有序领取器材	1．展示动作，引导学生如何模仿（腿弯曲降低重心、双手张开）。 2.口令清晰。 3．认真观察，指导学生动作	

（续　表）

课的顺序	教学内容	时间	次数	学生活动	教师活动	媒体作用及分析
基本部分	一、探究阶段 1. 学生体验： 学生在场地内观看大屏幕篮球运球视频，模仿视频中的动作，进行运球体验。 2. 学生示范： 请一名运球较好的同学展示。"同学仔细观察。"请两名同学用不同运球方法的共同运球（一种拍球，一种运球），让学生观察、比较引起思考。 3. 学生模仿练习。 二、学习阶段 1. 教师讲解： 教授原地运球动作要领儿歌： 两腿稍分开， 膝盖弯一弯； 大臂带小臂， 手球不分开。 2. 集中讲解分散练习，练习过程中学生背诵儿歌。 3. 小组练习与小组比赛。 评分标准：动作规范。 4. 运球节奏的练习，提高学生对球的协调控制和节奏把握。强调一个"粘"字。	25		模仿视频中的动作，体验各种运球方法。 1. 被选中的学生大胆展示自己的运球动作。 2. 其他同学认真观察、思考比较。 3. 积极回答教师提出的问题。 1. 被选出的学生示范自己原地运球的动作，其他学生模仿练习。 2. 教师示范，学生模仿练习。 3. 学生认真听、练。 1. 学生熟记儿歌，并按照儿歌要求认真练习，积极动脑思考、实践。 2. 跟随老师练习。一边运球一边诵读儿歌。自由分散，练习动作要领。 3. 小组同学进行练习，进行小组之间比赛，组间评价。 4. 带领学生拿球练习，并在运球过程中提高要求。要求每组学生的运球声音调整到一致。	播放视频，巡视指导。 1. 挑选出不同的学生共同运球。 2. 引导学生积极思考哪种运球方式更合理。 1. 教师提示学生观察的重点。 2. 巡视指导。 3. 提示学生注意手形，注意大臂带小臂动作，原地运球。 1. 教师集中讲解原地运球动作的要领，学生分散练习。用儿歌的形式激发学生的学习兴趣，使学生更容易掌握动作要领。 2. 教师带领学生练习。 教师巡视指导并及时给予评价。 3. 各组学生积极动脑思考、实践，运球的声音尽力保持一致。	 LED大屏播放平板电脑上课前准备的视频。 现场采集学生示范运球视频让学生模仿，更好地让学生形成动作表象，提高教学效率。 个人思考，小组讨论 原地运球需要做好哪几个动作 播放PPT 运球儿歌： 两腿稍分开 膝盖弯一弯 大臂带小臂 手球不分开 PPT播放运球动作要领儿歌。

（续　表）

课的顺序	教学内容	时间	次数	学生活动	教师活动	媒体作用及分析
基本部分	5．原地运球报数，让学生手、脑结合提高对球的控制能力，并形成运球时抬头的习惯	25		5. 学生按照教师出示的手指报数，反应迅速	4. 手指报数，教师出示手指让学生报数，也可以结合加减法和乘除法	现场采集小组练习的学生视频，投到LED屏让学生自己观察形成动作表象
结束部分	1. 放松活动。 2. 课堂小结。 3. 回收器材	4		放松身心。师生再见	师生共同进行放松活动。教师点评本课。师生再见	投屏播放音乐，歌词让学生感到自由、放松
场地器材	1. 篮球40个。 2. 录音机。 3. 球筐	课后反思		运球动作要抓住主要动作要领进行教学，现场应采集学生运球视频更好地让学生形成动作表象，能够大大提高教学效率		

第三节　移动终端在混合式教学中的应用范式

为发挥智能移动终端在混合式教学中的作用，从2012年开始，笔者即组织教师开展了相关应用范式的研究；2016年，更是把范式研究上升为课题在区里立项，结合以往的研究成果，紧跟技术发展的步伐，逐步探索出智能移动终端在混合式教学中的六种应用范式。2018年初，本研究成果先后参加青岛市和山东省基础教育教学成果奖评选，分别获得一等奖和二等奖的好成绩。以下是该课题的研究报告。

智能移动终端在混合式教学中的应用范式

一、问题的提出

（一）对国家政策的理解和认识

《国家中长期教育改革和发展规划纲要（2010—2020）》指出："强化信息技术应用。提高教师应用信息技术水平，更新教学观念，改进教学方法，提高教学效果。鼓励学生利用信息手段主动学习、自主学习，增强运用信息技术分析解决问题能力。"

国家主席习近平在致青岛国际教育信息化大会上提出了"构建人人皆学、时时能学、处处可学"的学习型社会的总要求。

国务院副总理刘延东在第一次全国教育信息化工作电视电话会议上强调，要推动"三通两平台"建设，促进教学方式与学习方式变革，实现教与学、教与教、学与学的有效互动。在第二次会议上，刘延东强调，"十三五"教育信息化工作要强化深度应用、融合创新，大力提升信息化在推进教育公平、提高教育质量中的效能。要运用信息技术来设计和推进"教改""课改"，促进教学方法、管理模式以及教育服务供给方式的变革。

（二）课程和教学改革的要求

《小学语文课程标准》明确提出要"运用现代技术搜集和处理信息的能力"。《小学数学课程标准》指出："数学课程的设计与实施应根据实际情况合理地运用现代信息技术，要注意信息技术与课程内容的有机结合。"其他各科也都有信息技术的表述。

（三）教师专业发展的要求

为促进中小学信息技术应用，教育部制定了《中小学教师信息技术应用能力标准》，并印发了《中小学教师信息技术应用能力培训课程标准（试行）》，确定了"应用信息技术优化课堂教学""应用信息技术转变学习方式""应用信息技术支持教师专业发展"三大系列课程，并提出了具体的实施要求。各地随之采取了一系列推进信息化建设和应用的措施，取得了明显的成效。

（四）时代发展的要求

十余年来，特别是进入21世纪的第二个十年，信息技术、网络技术特别是移动互联网技术的发展突飞猛进，人类社会快速进入数字时代，人类的生产生活方式发生了颠覆性的改变。据统计，今天全世界已经有一半的人口成为移动互联网用户。而《2016中国互联网学习白皮书》发布的数据显示，"青岛市移动网络用户超过800万，普及率达到93.5%"。越来越多的人在移动终端

（平板电脑或智能手机），特别是在智能手机上完成了办公、学习、娱乐、生活等行为方式，手机成了现代生活必备的工具。

但是在教育领域，利用移动终端进行教学却发展得相对缓慢。一方面是由于相对固化的思维方式，教室终端的配备主要还是考虑"班班通"，与之匹配的资源建设也主要是考虑教师教的需要。另一方面，则是由于"鲜有专门性的教学法的指导，缺少成熟的范例和最佳实践以及非显著性差异"（引自焦建利EduTech自留地，2017.12.16），可供老师们参考的理论、方法和案例十分稀少。全国只在一些有条件的地方开展了少量的"一对一"数字化教学的实践和探索，但很难在短期内实现普及。除此之外，在班班通环境下引入智能移动终端教学的学校和案例很少。

新的教育科学指出"既要注重教，又要注重学"。智能移动终端出现以后，其便携性、操作的低门槛以及资源获取的广泛性、易得性等特点，很快受到老师们的青睐，应用研究也随之展开；由于是新生事物，应用和研究的速度和效果还非常有限。而有关数据则显示，现在的中小学生每天操作电子设备的平均时间在20分钟以上。这就形成了一对矛盾，即教的现状满足不了学生学的需求。

（五）基于本人研究的基础

笔者和所在团队经过多年的实践和研究，发现将智能移动终端应用于课堂教学和更广域的教学具有传统教学所无法比拟的优越性，与传统课堂结合起来，构建传统教学和现代教学相结合、线上教学和线下教学相结合、人际交互和人机交互相结合的混合式教学模式，极大地拓宽了教育的外延，也大大丰富了教育的内涵，不仅使课堂教学效益大大提高，也在很大程度上促进了学生个体的发展。目前，青岛弘德小学已经实现教师人手一台平板电脑，平板电脑连同教师的智能手机，已经成为教师进行混合式教学新的支撑工具。同时，每个级部还配备了一个班级的平板电脑供级部进行体验式"一对一"数字化教学应用。

本次申报的成果是我在担任校长的淄博市周村区北门里小学荣获2014年国家级基础教育教学成果二等奖"构建'一对一'数字化教学模式"基础上，随着信息技术和网络技术的发展而提出的新的命题，是本人十余年致力于数字化教学的新思考、新实践、新成果。可以说，十余年来的实践和研究是一脉相承、一以贯之的。

二、解决问题的过程和方法

（一）解决的主要问题

1.实现教师智能移动终端操作界面与教室教学电脑和屏幕同步。

2."智能移动终端+班班通"环境下，智能移动终端在混合式教学中的具体应用范式。

3."一对一"（师生每人一个智能移动终端）数字化环境下的具体应用范式。

（二）过程与方法

1.过程：

（1）2012年9月—2015年8月，初步探索苹果平板电脑在教学中的应用，主要是教师通过制作互动式电子书和课堂拍照、录像等进行平板电脑课堂教学，主要采取的是苹果投屏技术进行教学。

（2）2014年9月—2015年8月，初步探索智能手机在教学中的应用，主要是以PPT展示、课堂拍照、录像等形式进行教学，主要采取的是苹果投屏技术和小米盒子投屏组织教学。

（3）2015年9月—2017年6月，探索智能手机、平板电脑等智能移动终端应用于课堂教学领域，实现常态化的混合式教学，可以利用苹果投屏技术、小米盒子、西沃授课助手、飞屏云盘等软硬件进行投屏教学。在"一对一"数字化环境下，可以利用教学互动平台、移动电子教室等软件和平台进行互动式教学。

2.方法：

（1）行动研究法：教师们在各个阶段都努力寻找遇到的实际问题进行研究，边实践边研究边总结，从而达到解决实际问题、推广成果的目的。

（2）文献法：始终关注国内外智能移动终端教学的发展动态，充分利用中国知网和网络资源收集相关文献资料，提高教师的理论水平。

（3）调查法：利用教师座谈等方法了解教师在应用过程中的问题和感受，以便对教师进行针对性的培训和对已有资源进行有效的整合利用。

（4）经验总结法：对研究中的成效及存在问题等做比较详细的分析和归纳，以便继续深入细致地实验探索和研究。

三、成果的主要内容

（一）形成了智能移动终端在混合式教学中的技术解决方案

1.教师智能移动终端+班班通环境：在教师智能移动终端和教室教学电脑安装同屏软件，可以使教师智能移动终端操作界面同步到教室屏幕上，实现移动教学。目前有多种同步软件，常用的有三种。一是苹果系统（IOS）：在教室教学电脑安装Allplay软件，教师智能移动终端操作界面即可同步到教室屏幕上。二是安卓系统：教师智能移动终端和教室教学电脑安装

airplayitserver软件，就可以实现屏幕同步。三是跨系统：在教师智能移动终端和教室教学电脑安装"西沃授课助手"、飞屏云盘等软件实现屏幕同步，既可以使智能移动终端操作界面同步到电脑上，也可以用智能移动终端进行电脑系统的操作，从而解决了教学电脑在获取资源、师生互动、课堂生成信息的捕捉和处理方面的局限性。

2. "一对一"数字化环境：在师生平板上安装移动电子教室软件或教学互动平台，组成虚拟教室。教师既可以给学生推送资料收集反馈情况，也可以对学生机进行有效管控，还可以任意切换学生桌面进行展示交流，从而实现高效的互动式教学。师生也可以通过微信群、QQ群组等社交平台进行互动式交流或教学。

（二）形成了智能移动终端在混合式教学中的具体应用范式

随着技术的发展，智能移动终端已经具备电脑的功能，可以称为微型电脑。与教室电脑相比，智能移动终端在混合式教学中具有传统教学不可比拟的优势。首先是移动性：智能移动终端可以在教室的任何地点进行操作，教师不再被束缚在三尺讲台，不再"高高在上"，而是走入学生中间，真正实现了师生平等；学生则可以不再跑到讲台上费时费力地操作投影机，从而提高了效率。其次是获取资源的广泛性：来自网络的所有资源都可以成为教学资源，包括搜索性资源、教学APP、教学网站等。再次是课堂生成的即时性：智能移动终端的拍照、截屏、录像、录音等功能可以迅速捕捉课堂有价值的信息，从而避免了资源的流失。

智能移动终端的各种优势，使创新应用变为现实，教学方式变得更加灵活，学生兴趣和积极性大大提高，有力地提升了教学成效。

1. "智能移动终端+班班通"环境6种应用范式：

（1）搜索性教学：课堂上教师需要临时获取一些教学资源或学生提出的疑难问题在不确定的情况下，可以进行网络搜索，从众多的信息中分析和提取有用的信息及时加以利用。例如，在上《南极的主人》一课时，有同学问"企望"的"企"是什么意思。教师虽然能大体说出什么意思，但通过百度搜索，让学生比较三个解释哪个更合适时，学生通过比较很快就找到了答案，这就不仅培养了孩子的互联网思维，而且培养了学生分析鉴别的能力。

（2）在线网络教学：为减少备课的复杂性，教师可以利用一些学习网站，如一起作业网、100易英语、小学资源网、学乐网等进行现场教学。比如，在学习一些字词的意思时，教师只要登录像"汉典""象形字典"等网站即可获得生字的音、形、义、源等知识。教师对于互联网工具的使用引导看似一个简单的教学设计，实则是在潜移默化地培养学生的互联网思维。

（3）APP辅助教学：很多学科APP，如语文的纳米盒、数学的数理画、英语的百词斩以及涵盖多个学科的乐教乐学、4D书城等都是很好的教学软件，在突破学科难重点、吸引学生兴趣和注意力等方面具有独特的优势，可以借此进行辅助教学。

例如，语文老师在上《棉花姑娘》一课时，课前学生通过乐教乐学APP里的微课进行自行预习；课堂上，老师使用智能手机或平板电脑引用微课模块里面的七星瓢虫的视频，使语文课堂教学形式变得多样而有趣。

还是在《棉花姑娘》一课上，教师把智能手机或平板电脑与AR技术结合在一起，利用4D书城APP为学生呈现一种逼真的视、听、力、触和动等感觉的虚拟环境，使学生在课堂上能够体验到"身临其境"的感觉。教师在拓展讲解自然界的益虫时，使用AR技术把蜻蜓推到学生面前，让学生置身于与蜻蜓零距离的接触中，立刻为课堂注入了新鲜的活力。学生耳边听着生动的讲解，了解了蜻蜓这种益虫的外貌特征、生活习性以及对人类的贡献；目睹蜻蜓在身边飞翔，感受到了这种益虫的可爱，自觉产生保护意识。学生在认知基础上，对自然科学会产生更为浓厚的兴趣，进一步激发起爱护大自然的情感。

"思品"课上，教师讲解中国军事时，通过AR技术把学生带到火箭发射场，学生置身发射场，与发射塔融为一体，亲身感受那种震撼人心的场景。游泳课上，教师通过AR技术把游泳馆搬到教室。在学蝶泳时，让蝴蝶在眼前振翅飞翔；在学习蛙泳时，让青蛙在眼前游动。生动的形式让游泳姿势不再难懂，分组比赛也让每个同学感受比赛流程，在"泳池"摘金夺银，还没下水就对游泳产生浓厚兴趣。

（4）利用生成资源和再生资源组织教学：生成资源是最有价值的资源，而传统课堂生成资源是很难采集和再利用的。在智能移动终端环境下，教师可以采用拍照、录像、录音等形式及时获取课堂信息，特别是将学生一些有代表性的问题及时捕捉下来，以便于生成信息的及时处理和再生资源的利用，从而更好地实现以学生的观点引领和发展课程的新理念。体育《前滚翻》一课，学生在做分组训练时，教师通过手机把做得规范的学生和不规范的学生分别录下来，发布到"网络学习空间人人通"平台。学生回家后打开个人空间，对比两类视频的动作要领，找出不规范的原因，通过反复训练，达成对要领的深刻理解和掌握。

（5）扫码学习：码书码课码卷是新的数字化学习资源，就是将学习资源通过二维码链接起来。课堂上，在需要这些资源时，教师可以识别事先准备的二维码进行教学，从而进一步丰富课堂形式，提高课堂效率。

（6）利用"网络学习空间人人通"平台、微信群社交平台等进行家校互通教学：家校互通教学是课堂教学的延伸。教师既可以利用"网络学习空间人人通"平台及时发布课堂精彩瞬间，家长第一时间分享，打通了教室壁垒，实现了教学开放。教师还可以把智能手机和平板电脑用到更广域的教学，实现跨时空教学，如进行作业布置、即时反馈，教师第一时间掌握学生学习情况；教师也可以进行微课和练习题的推送实现课堂翻转，根据数据掌握学情进行翻转课堂教学；既可以发起活动收集作品和信息，也可以通过班级群组进行视频辅导和语音辅导……微信群、QQ群也可以实现资源的推送和文字及语音的互动，但是与专业的"网络学习空间人人通"平台的模块化、序列化分布相比，微信群、QQ群这种以社交为主要作用的媒体具有明显的不足，特别是信息的查找很不方便。

智能移动终端除了与班班通组成教学环境外，还同样适合于"一对一"数字化教学。

通过在师生平板上安装移动电子教室软件或教学互动平台，组成虚拟教室进行教学。教师既可以给学生推送资料收集反馈情况，比如课前预习资料的推送、知识点讲解完成后练习题的推送、课后补充资料的推送等；教师也可以通过移动电子教室管控学生的学习行为，通过小窗口了解学生的思维过程进行巡视指导；教师还可以任意切换学生平板桌面进行展示交流或纠错，从而实现高效的互动式教学。师生也可以通过微信群、QQ群组等社交平台进行互动式交流或教学，从而把有形的课堂变成无限的学习场，如在群里展示自己的文字、图片、视频等，师生、同学之间进行评论、讨论。

四、效果与反思

（一）效果

1. 教学理念发生改变，学生主体地位凸显。传统班班通环境下，教师的教学设计主要是线性的，体现教师教的痕迹非常明显。智能移动终端环境下，教师的教学设计、资源的选用、课堂的生成和处理都是非线性的，更多的是从学的方面来设计。这就较好地实现了由教到学的转变，更好地体现了学生的主体地位。

2. 教学更加民主，教学效果更好。传统课堂上，教师被束缚在高高的讲台上，在智能移动终端环境下，教师可以深入课堂的任何角落，走入学生中间，平等与学生对话，拉近了师生距离。同时，课堂上教师通过智能终端随时采集课堂信息并进行现场处理，很好地把握了最佳学习时机和学习动机，极大地提高了课堂成效。

3. 教学相长，学生学习方式发生改变。由于智能终端的移动性，学生可以操作智能终端进行演示，慢慢浸润成自己的学习方式。学生养成了业余时间利用自己的智能终端进行学习的习惯，学习的兴趣更浓，个性化程度更高，解决问题的能力更强，眼界更开阔。目前，全校学生平均每天登录网络学习空间的次数达到近10次。

4. 家校联动，转变了家长对网络学习的认识，提高了线上学习的支持力度。家长由一开始对网络的顾虑、焦虑，到充分认识网络学习对孩子的重要性，进而给予极大的支持。目前，全校100%的家长注册了网络学习空间，与学生、教师一同形成了网络学习共同体。

5. 形成了较强的示范和带动效果。近两年学校接待全国各地的考察团近百个，达5000余人次；2017年5月份学校承办了由华东师范大学组织的"全国数字化教学示范区域协作联盟成立大会暨成果展示交流大会"，提供了典型案例；6月份承办了"中国首届移动互联网教育研讨会暨课题培训会"，师生展示的舞台剧"移动互联网学习的一天"受到与会领导、专家和参会教师的一致好评；在2017年全国新媒体新技术教学应用研讨会暨第十届全国中小学创新（互动）课堂教学实践观摩活动中，我校有5人获奖，其中2人获一等奖并赴表彰大会进行现场说课和出示现场课；另有40余人次在省级以上录像课、现场课比赛中获奖；西宁市晓泉小学、四川达州市逸夫小学、胶州市振华小学、平度市开发区小学、滨州市北海经济开发区等全国几十所学校推广我校的做法。2017年5月，山东教育电视台对我校的做法进行专题报道。学校被授予"青岛市网络学习空间人人通培训基地""青岛市教育信息化应用创新示范学校""山东省教育信息化试点学校""教育部新教育100示范学校"等荣誉称号。

6. 得到业内专家的高度肯定。中国教育技术协会学术委员会副主任潘克明评价说："青岛弘德小学智能移动终端的应用基础扎实，研究深入，走在了全国前列。"中国教育学会信息技术教育专业委员会秘书长陈美玲评价"青岛弘德小学数字化学习称得上全国的一面旗帜"。

（二）反思

1. 智能移动终端教学和传统教学相融合而形成的混合式教学模式必将成为主流教学模式。

国务院副总理刘延东在第二次全国教育信息化工作电视电话会议上指出，"十三五"要"加快推进宽带网络校校通，基本实现学校宽带网络全覆盖，提升出口带宽，完善网络教学环境。加强无线校园建设和应用，实现具备条件的城镇学校无线网络全覆盖"。从现实条件来看，绝大多数地方教育装备投入的重点仍然是完善基础建设，特别是"班班通"、功能教室等标准化配备以及区域教育云平台建设，不可能在短期内为教师普及移动教学终端，而教师智能移动终端的高度普及以及操作的熟练性为混合式教学中的移动教学提供了实现的可能性。智能移动终端的诸多优势则对传统教学是一个极大的补充，因而混合式教学必将成为信息时代主流的教学模式。

2. 必须正视智能移动终端的不足，趋利避害。

移动终端中的平板电脑和智能手机相比，不管在操作的方便程度和画面的呈现上，平板电脑都具有明显的优势，智能手机则有明显的差异。智能手机在方便课堂教学的同时，主要存在以下不足。一是从技术上来讲，目前还解决不了智能手机投屏时在白板上全屏的问题。智能手机投到白板上的都是竖屏，界面只占白板的一部分，学生观看的效果不是太理想。二是与平板电脑比起来，智能手机的操作面相对较小，操作时很容易出现失误，特别是两个和多个手指操作的时候，有时要反复操作多次，这就影响了教学效率。三是与传统的粉笔书写或者在交互式电子白板上的书写相比，在移动终端上的书写明显感到不够方便，美观度也明显要差一些；加之界面小，书写的容量有限，不是一个理想的书写平台，因此只能作为一个辅助的教学工具来使用。另外，智能移动终端丰富的应用，特别是游戏对学生具有极大的吸引力，管控和引导不好，容易使学生产生依赖，影响学习。值得注意的是，电子设备的屏幕辐射容易造成学生视力受影响，同时长期观看电子屏幕也容易使学生颈椎受损，必须加以引导和管控。

第七章
"一对一"数字化设备在教学中的应用

第一节　"一对一"数字化教学的含义、种类及应用价值

"一对一"数字化教学是指在网络环境下，每个人拥有一个学习终端，借助教师给定的学习资源或网络资源而开展的教和学活动。可见，要开展"一对一"数字化教学至少要有五个条件：教师和每个学生都拥有一台数字化学习终端，如电脑、平板、手机、投票器等；拥有良好的网络环境，根据终端属性进行匹配有线网络或无线网络；拥有丰富的教学资源；教师和学生需要有较高的信息素养，教师有先进的教学理念并能够指导、引导学生学习，学生有良好的网络道德和自律性并能够进行自主学习。

从目前的硬件装备来看，开展数字化教学的设备终端主要有电脑、平板、手机、投票器等，由此也形成了不同的教学组织形态：利用计算机教室组织的教学，利用互动反馈技术开展的教学，利用平板、手机等开展的教学。

虽然教学终端的配备不同，但教学理念都是相通的，都是借助先进的信息技术和数字资源，在确保班级授课制效率的基础上，尽可能地提高学生学习的个性化水平，更好地促进学生主体的发展，同时将课堂有效延伸到课外、延伸到家庭，提高学生自主学习的能力。

原中央电教馆副馆长王晓芜先生表示："'一对一'数字化学习这种以学生为中心的学习，是现代信息技术和教育、数字化环境以及学生个人发展的有机结合，实现了教育教学方式的创新，深化了教育改革。实践证明，基于

学习的'一对一'数字化学习很大程度上激发了学生学习的主动性。通过自主、合作与探究三个方面，学生由被动学习变为主动学习，真正成为学习的主人，使学生对创造性思维的培养和对知识的学习不再局限于课堂。"

因此，"一对一"数字化教学改变的不仅是教育的手段，更多的是要改变教学的思想，真正树立起以学习者为中心的理念；改变教学流程，把重点的"教"转变到"学"上来，实现流程再造；改变教学组织结构，更多地采取自主的、合作的、探究的等多种学习方式，把"课堂"改变成"学堂"；改变教学时空，把课堂有效延伸到课外、延伸到家庭、延伸到社会生活中，让学习随时随地发生。

随着互联网技术和信息技术的发展，"一对一"数字化学习陆续进入课堂，国内的实践探索已经有五六年的时间，推进的模式包括学校采购进行班级实验或级部实验、个人自带设备的BYOD模式，也有个别地区在倡导区域推动。早期的应用主要借助电子书、课件来进行辅助学习，采用的是投屏技术进行展示或讲解；后期主要借助学习平台、各种教学APP、小功能应用等进行互联教学，但整体来看还处于实验和初步探索阶段。

近年来，特别是中央电教馆举办的全国新技术新媒体创新教学活动和中国教育技术协会举办的个性化学习研讨会，有力地推动了"一对一"数字化学习的开展。从申报的课例来看，在各种教育技术中，"一对一"数字化学习的课例数量都是增长最快的，这也反映了教师对于这种新的教学环境的期待。

第二节　计算机教室在教学中的应用及案例赏析

近年来，通过义务教育均衡化建设、标准化建设等，学校的基本配备都达到了要求，计算机教室成为标配。但是从目前来看，绝大多数学校的计算机教室只是用于开设信息技术课，稍好一点的学校能够组织部分学生开展计算机社团活动学习一些简单的计算机编程和创作，很少有学校能够利用计算机教室组织学科教学或开展学生创新与实践活动，还有极个别的学校摆设意义大于使用意义，或缺少专业师资，或思想上不受重视。

其实，计算机教室是一个很好的数字化教学环境，也是信息技术学科学以致用的很好的实验场。学生可以把学到的信息技术知识用于自己的学习中，在熟练使用信息技术的过程中逐步提升自己的信息素养，同时把这种素养转化成学习能力。

案例

以《世界遗产导游词习作》一课为例，谈一下计算机教室是如何组织学科教学的。

世界遗产导游词习作

——淄博市周村区北门里小学　胡晓琳

创新整合点

一、利用网络资源，拓展知识广角

"世界遗产"介绍对于学生来说是一种比较生硬的知识。如今借助网络丰富的资源库，探索求知，无论从文字或者图片、视频等方面，都可以满足学生对知识的需求。

二、以博客为平台探究，进行互动式学习

以博客为平台的探究、互动式学习，为学生提供了一个展示自己的独特思维、交流互动的机会。学生思维自由，不受课堂的束缚，学生的思路更加开阔；每一个学生都有机会参与，没有照顾不到的时候。

三、"一对一"数字化教学模式的学习优势

"一对一"数字化教育模式促进了民主、和谐的新型师生关系的建立。学生知道的未必就是老师知道的，教师可以在学生的学习中学习。倡导学生的主动学习，学生的注意力更集中，更愉快地开展学习。这既锻炼了学生的思维能力、合作交流能力、解决问题的能力，又促进了学生的自主学习能力的提高以及发散思维的培养。

四、各种信息化教学手段的整合运用

利用交互式电子白板设计教学课件，体现教学的交互性。利用电子教室实现教师与学生、学生与学生之间的及时交流和互动。

教材分析

长城、颐和园、九寨沟、秦兵马俑……给我们留下深刻的印象。为了让更多的人了解我国的"世界遗产"，我们来写写介绍"世界遗产"的导游词。首先确定自己要介绍哪一处"世界遗产"，然后选取最有特色的内容向大家介绍；可以讲景点、风光，也可以讲与景点有关的故事、传说，还要提示参观游览的注意事项。

学情分析

学生进行提前读写实验的3年中，阅读了大量的书籍，从未间断博客写作。"一对一"数字化学习班级模式进入第三学期，信息化素养高。

三维教学目标

知识与技能目标：

学习导游词的格式和写法，会写导游词。

过程与方法目标：

1. 学会导游词的写法，把握导游词的语言特点，将资料中的语言转化为导游词中的实用性语言。

2. 培养学生搜集和处理信息的能力。

情感态度与价值观目标：

体会"世界遗产"的魅力，感受中国悠久的历史和灿烂的文化。

活动总目标：

1. 落实课程标准提出的三维目标，探寻更广阔的作文教学空间，培养学生的习作兴趣，提高学生的习作能力。

2. 在活动的过程中，让学生经历知识的建构、共享、论证、协商、创作、反思的探究过程，养成积极探索、自主学习的习惯，形成多方位学习的方法和培养终身学习的能力。

3. 运用网络信息技术进行创造性教学，形成愉快的学习氛围和融洽的师生关系，使学生高情感和高认知协调发展。

教学环境与准备：

"一对一"环境，电子教室软件，教师机链接电子白板。

学生利用博客与同学进行交流讨论，利用PowerPoint制作学习课件，利用word进行文本分析，利用网络资源搜集资料。教师利用交互式电子白板软件制作课件，利用电子教室实现互动。

教学过程：

一、预习作业

1. 什么是导游词？

2. 这个单元你了解了哪些世界遗产？你还知道哪些世界遗产？

3. 你最想了解哪一处的世界遗产？利用上网查找资料的方法了解这处遗产的景点风光或与景点有关的故事、传说等。

4. 要求每位学生把自己查找的资料抄发在博客上。

"随着知识更新的加速和信息的爆炸性增长，终身学习和教育成为社会主导的学习理念。根据认知理论和人本主义学习观，倡导重视学习过程中学习者主体的观念在向学习型社会过渡的过程中，培养学生的自主学习能力尤为迫切。"在开展"一对一"的教学中，教师秉承这一理念。三年的实验结果告诉我们：通过参与项目，学生意识到在学习过程中自己应负主要责任，提高了自主学习的自信心，改变了学习行为，加强了对学习策略的有效应用，提高了学习成绩。

二、课时说明

本课计划用两个课时，每课时40分钟。第一课时为习作指导课，前20分钟为习作指导环节，后20分钟为学生习作时间。第二课时为习作赏评课，前20分钟为集体交流环节，后20分钟为小组交流时间。

本课只是将教师参与的习作指导环节和习作赏评环节制作成了教学实录。学生的其他环节活动利用博客群实现交流互动，利用电子教室的文件提交、收集作业、汇集评价。信息化的课堂是一种及时又高质高量的开放式的课堂。"一对一"数字化学习强调课外的自主学习和学生的个性化学习；同时，能够实现生生、师生直接的多种互动，以学生的学习引领课堂的发展，体现了以生为本的理念。

三、习作指导环节设计

（一）出示习作要求

长城、颐和园、九寨沟、秦兵马俑……给我们留下深刻的印象。为了让更多的人了解我国的"世界遗产"，我们来写写介绍"世界遗产"的导游词。首先确定自己要介绍哪一处"世界遗产"，然后选取最有特色的内容向大家介绍；可以讲景点风光，也可以讲与景点有关的故事、传说，还要提示参观游览的注意事项。

师：请仔细读上面的文字，我们这节课的任务是什么？

生：当导游，写导游词，向大家介绍我国的"世界遗产"。

师：什么是导游？什么是导游词？

（学生介绍）

师：本次习作向我们提出了什么要求？

生：首先确定自己要介绍哪一处"世界遗产"，然后选取最有特色的内容向大家介绍；可以讲景点风光，也可以讲与景点有关的故事、传说，还要提示参观游览的注意事项。（教师提炼，标注1.2.3）

师：哪位同学愿意说说你对这些要求的理解？

（生交流）

习作前明确写作要求很重要，这有利于培养学生良好的审题习惯。教师对每一条要求进行适当的解释，有利于学生进一步理解写作要求，了解撰写导游词的基本方法。

（二）根据学生的交流，了解学生的学情

师：（出示：导游词怎么写）我知道同学们都找了好多优秀的导游词习作，谁愿意把自己搜集的作品跟大家分享一下？跟你小组内的同学讨论交流一下你的发现，小组内选取有价值的内容向全班同学介绍。

（生小组活动）

师：导游词该怎么写呢？

（生说想法）

教学手段和教学方法的实施应建立在学生现有的认知基础上，一切从学生出发，灵活调整，适应学生的需要，才能有效促进学生的发展。教师在与学生的交流中，了解学生学习的情况，从以往的经验到当前学生的实际，及时调整教法，充分进行启发诱导，从说到写，循序渐进，有效实现教学目标。

（三）总结写作方法，有条理、有顺序

师：下面我们来总结一下方法，请同学们打开老师发给大家的范文。

师：从题目看（出示）——

（出示导游词）

师：课前，你搜集的是哪一处世界遗产？现在给你的作文确定题目吧。

（生交流）

师：从具体内容方面看（出示）——

师：先看第一自然段，都写了哪些内容？

师：这即是导游词的第一部分：这就是前言（出示：前言，自我介绍，问候语）。这一部分内容简短，以引出下文。要用第一人称的写法，注意运用礼貌用语。大家用导游的语气齐读一下第一自然段。

师：接下来的几个自然段写了什么？写的时候要注意什么？你能总结出来吗？

（生根据自己的理解，交流范文段落）

（师根据情况分别总结）

（总述）这部分语言有什么特点？生：要注意简洁明了。

（分述）这部分的语言有什么特点？这部分叫作分述，是导游词的重点，一定要注意突出景物的特点，有条理地进行介绍。如果你要介绍多处景点，就按照游览顺序依次介绍。

（结尾）这部分有什么特点？师：（生边说师边出示）注意事项——祝福语。

师：在语言方面，你有什么想说的？

生：语言要生动、形象、富有感染力。在导游词中加入风景背后的神话、传说、故事等等。

> 导游词是应用文的一种，学生首次接触，给出一篇符合本次习作要求、格式较为标准的范文是很有必要的。学生可以从阅读中直接感悟写法，并将写法灵活地运用到自己的习作中去。利用电子教室发布范文，学生可以在电子文档中随意地标注，我们可以感受到信息化的速度。

（四）学生习作

师：同学们，拿起笔，写下你独具魅力的导游词吧，相信这些自然文化景观定会因为你的解说，更加异彩纷呈、妙趣横生。

学生的习作有一部分是在课堂上完成的，教师利用电子教室的监控转播功能，浏览学生的写作状态，在习作的过程中给予学生及时的指导，让学生反复理解习作要求和方法，对发现的问题及时纠正。学生完成习作后发布到博客上，学生之间相互评价交流，教师也要对学生的习作及时予以评价。

四、习作赏评教学设计

（一）复习回顾

师：（通过资源库调出上节课板书内容，回顾习作方法）同学们，还记得我们上节课总结的导游词的写法吗？

（生交流）

在指导学习写作的过程中，通过电子白板记录了课堂板书的内容。第二课时需要此内容时，教师可以从资源库中调用。信息化的教学手段可以更好地服务于我们的教学服务。

（二）集体交流

师：这节课我们就来欣赏一下同学们的习作。谁愿意来展示自己的作品？请其他同学对照我们的写作要求，来评价这些同学的作文。

（生一汇报）

（生评价比较）

（师指导学生评价）

（生二汇报）

（生评价比较）

（师指导学生评价）

……

（三）小组合作

师：请同学们在小组内交流自己的习作，其他同学根据我们的习作要求评价这位同学的作品。

（生小组活动）

（电子教室监控学生小组活动，及时了解学生的活动）

学生制作PPT学件，配合自己的导游词向大家展示自己的作品，利用电子教室的功能实现生生、师生直接的多种互动，以学生的学习引领课堂的发展，体现了以生为本的理念。

教学反思：

通过教学的实施，我觉得这堂课很好地完成了教学目标并有所超越。

首先，落实了如下能力目标：① 初步学会了与同学、与社会交往的技巧，逐步培养社交能力；② 表现出了很好的团结精神，体验到合作的愉快；③ 多渠道收集、记录并整理资料，在活动中培养了发现问题、分析问题、解决问题的能力；④ 学会了写导游词，掌握了一定的写作技巧，培养了实践能力；⑤ 以了解中国世界遗产为中心，培养学生的语文综合能力。

其次，落实了如下情感目标：① 通过自主、合作、探究的学习方式，使其对新发现有喜悦感和成就感，在活动中感受合作、交流的乐趣；② 引导学生关注中国世界遗产，领略中国风光之神采，了解中华文明的宝库，感受我国"世界遗产"的魅力；③ 激发大家热爱祖国的灿烂文化，通过体会世界遗产的价值，渗透了保护世界遗产的教育。

应用以下信息化教学模式：基于问题的探究式教学、WebQuest网络探究学习、基于问题的研究性学习、基于网络协作的学习、基于电子学档的教学模式。

通过多种信息手段的整合运用，能够很好地突破教学的重点和难点，实现时时互动，教师与学生、学生与学生的随时交流，为学生的主动学习提供了方便。"世界遗产"这种相对生硬的内容，因为有了与网络的互动，而变得生动和亲切起来，能够有效地调动学生的学习兴趣。

第三节　互动反馈技术在教学中的应用及案例赏析

互动反馈技术或称为互动反馈系统，英文名称为Interactive Response System，简称IRS。在多媒体计算机教室环境中，每个学生人手一个遥控器（红外或无线），通过回答问题参与教学。其硬件是基于红外或无线的群组发射与接收系统，通过接收器与教室内的计算机相连；软件方面则由备课与授课系统、数据设置与分析系统以及支持PPT编辑、反馈系统构成。

利用互动反馈技术进行教学是指教师和学生人手一个表决器，教师通过接收器把题目发送给全班学生，学生通过教师给定的选项进行答题，教师根据反馈的数据组织的教学活动。现在有些企业已经实现了反馈功能的软件化，即在白板、手机、平板等设备上安装相应的软件，师生就可以进行互动教学。

互动反馈技术（表决器）相对电脑、平板、手机等富媒体而言，属于简单的数字化设备，可以称为瘦终端。它的核心价值不在于选项对错，而在于数据支持的精准教学。一方面，每个学生拥有一个终端，在老师发布做题指令的情况下必须做出回答，否则技术就会显示哪个学生没有作答，从而避免传统环境下通过举手发生从众的现象，避免通过提问出现面向少数的问题以及通过现场做题无法及时反馈的问题等，从而更好地面向全体学生。同时，通过数据反馈能够在第一时间内掌握孩子的参与和掌握情况，便于教师及时做出判断和教学调控，采取相应的教学策略，更好地关注每一个学生。

互动反馈技术的教学功能主要可以应用在以下几个方面[①]。

1. 有效激发学生兴趣

每个学生手持一个投票器，增加了自我的存在感，通过作答急切了解自己的情况，从而提高了学生的兴趣和主动参与的积极性。

2. 增加互动练习

针对学科基础知识、基本技能，教师通过教师端发送练习，以强化学生对知识和技能的掌握。与传统的练习比起来，一是提高了效率，学生不用再进行大量抄写就可以作答；二是提高了反馈的效率，教师不用进行耗时耗力的批改就可以通过数据了解到学生的掌握情况。

3. 进行差异化教学

不管是前馈性检测还是课中的成效检测，教师都可以根据数据反馈采取相应的教学策略兼顾学生的差异，有的放矢，让不同的学生都有收获。

4. 思维引导和教学调控

通过数据反馈的显性差异，引导学生深入思考。同时，教师可以进行策略调控，进行有针对性的教学。

互动反馈技术虽然不及平板电脑、智能手机拥有酷炫的效果，但是它的

---

① 林建祥，潘克明.互动反馈课堂教学百例［N］.现代出版社.2009.1.

优势也是显而易见的。首先是对学生视力的影响不会引起争论，家长不必担心这种数字媒体会对学生视力造成伤害；其次是没有音视频等酷炫效果的干扰，也许正是引起学生主动参与和积极思考的优势所在；最后是性价比的问题，与平板电脑组成的数字化教室动辄几十万相比，这种瘦终端组成的数字化教室只需要2万元左右，在普及的概率上具有明显的优势。

案例一

陶罐和铁罐

青岛弘德小学　赵　雯

《陶罐和铁罐》是人教版小学语文3年级上册第七组里的一篇精读课文。此文是一篇寓言故事。这个故事主要是通过对话展示情节、推进故事发展，塑造人物形象，阐明道理。全文共17个自然段，可分为两部分。第一部分是第1段至第9段，讲的是自满的铁罐自恃坚硬，瞧不起陶罐，常常奚落陶罐，谦虚的陶罐以礼相让、据理力争。第二部分是第10至17自然段，讲的是许多年过去了，陶罐被人们挖掘出来依然如故，而铁罐早已无影无踪，从而揭示出文章的主旨——人都有长处和短处，要看到别人的长处，正视自己的短处，应相互尊敬对方特长、和睦相处。

故事主要通过对话展开情节、推动故事的发展，这是本课表达上的特点。铁罐的傲慢、蛮横无理和陶罐的谦虚、友善、克制都在人物的对话中充分展现。此外，具体、生动的神态和动作描写，使铁罐、陶罐的形象更加鲜明、突出。

3年级的孩子比较喜欢读寓言故事。本篇课文内容简略易懂，对话有趣，学生乐于去读，教师应放手让学生自读。在学生自读感悟的基础上教师进行适当的引导。引导学生根据陶罐和铁罐的对话以及他们对话时的不同神态、语气的词句，体会他们不同的内心活动，并说出自己的感受和见解。

本课的教学重点是通过陶罐和铁罐对话、神态的描写，了解铁罐的傲慢无礼和陶罐的谦虚而不软弱。引导学生理解课文讲的道理是教学的难点。

教学过程中"按点"设计如下。

上课伊始，出示日常生活中我们常见的陶罐和铁罐的图片各一张。

题干：图中的陶罐和铁罐，你更喜欢哪一个？

选项：① 陶罐　　② 铁罐

此"按点"的设计意图是让学生根据自己的生活经验来说说他们印象中陶罐或者铁罐自身的优点是什么，与下面学习课文中陶罐和铁罐的品质形成对比。

接着，老师检查学生的预习情况。首先检查字词，之后再出示"处"这个多音字。"chǔ"是指跟别人一起生活、交往；处置、办理。"chù"是指某个地方；事物具有某个方面或构成部分。出示"按点"：

题干：处理　处所

选项：① chǔ chù　　② chù chù　　③ chǔ chǔ

此"按点"的设计意图是让学生根据字的不同意思，选择正确读音，提高学生理解和分析能力。

再出示"谦"这个字，出示"按点"：

题干："谦"字第八笔是什么？

选项：① 横　　② 撇　　③ 竖

此"按点"的设计意图是让学生进一步巩固生字，明确汉字的造字特点。接着，让学生思考课文主要讲了什么事。出示"按点"：

题干：这篇课文主要讲了什么事？

选项：① 陶罐和铁罐的事。

　　　② 说的是铁罐的傲慢无礼，总是奚落陶罐。

　　　③ 陶罐的谦虚，不理会铁罐

　　　④ 国王的御厨里有一个陶罐和一个铁罐，铁罐仗着自己坚硬，常常傲慢地奚落陶罐。若干年后，陶罐从废墟里挖出来依旧精美，而铁罐却被氧化得无影无踪了。

此"按点"的设计意图是通过读课文，让学生梳理主要内容，从而培养学生的归纳、概括能力；知道概括课文主要内容时，要将故事的起因、经过、结果都说出来。

检查完学生的预习，接着让学生再快速浏览一遍课文。出示"按点"：

题干：初读课文以后，你喜欢陶罐还是铁罐呢？

选项：① 陶罐　　② 铁罐

此"按点"的设计意图是引导学生认真阅读课文，在读的过程中推敲哪个角色更具有优秀品质。学生在初读课文以后，有的对课文内容有了进一步的了解，有的可能还没读明白；只要学生说得言之有理即可，也为课文学完以后进行二次反馈形成对比。

教师在课堂中一步步引导学生去品读重点词语，在阅读过程中通过陶罐和铁罐的对话，了解对话中提示语的作用，并能根据不同的语境对不同的语句填写合适的提示语。出示"按点"：

题干：1. 我（　　）地说："今天，我们小组胜利了。"

2. 妈妈（　　）地说："这次，你一定会成功的！"

3. 阿姨（　　）地说："不就一个破风车，有什么了不起的！"

4. 小叮当（　　）地说："太气人了！你都已经忘了三次啦！"

选项：① 满不在乎　　② 兴高采烈　　③ 亲切　　④ 气冲冲

此"按点"的设计意图是了解学生对于本课重点——提示语的掌握情况，提高学生分析和理解问题的能力。

课文学完了，设计"按点"：

题干：课文学完了，你更喜欢陶罐还是铁罐？

选项：① 陶罐　　② 铁罐

此"按点"的设计意图是通过学习课文前、学习课文时、学习课文后这三个过程出示的问题，来了解学生学习情况。通过三次的选择，学生能很明确地区分陶罐和铁罐的品质，从而树立正确的价值观。

教师接着引导学生了解这是一个寓言故事，除了要了解故事内容之外，还要弄明白故事最后所揭示的道理。这个寓言故事揭示了一个怎样的道理呢？设计"按点"：

题干：这个寓言故事告诉我们一个什么道理呢？

选项：① 善于看到别人的长处，正视自己的短处。

② 彼此之间相互尊重，和睦相处。

③ 善于看到别人的短处，正视自己的长处。

此"按点"的设计意图是通过反馈技术，了解学生在学完课文以后是否对课文有了更深层次的了解。

最后，我的教学并没有仅停留在对文本的理解上，接着还安排了想象写话：当陶罐被摆在博物馆里供人们欣赏时，他常常想起自己的铁罐朋友。在一个宁静的夜晚，陶罐做了一个梦，梦见和铁罐相见了。此时设计了第四个"按点"，这是一个连接式"按点"：

题干1：在梦里，陶罐和铁罐相见了，这时铁罐的心情怎样？

选项：① 后悔　　② 高兴　　③ 激动

题干2：在梦里，陶罐和铁罐相见了，这时陶罐的心情怎样？

选项：① 惊喜　　② 心平气和　　③ 宽容

此"按点"的设计意图是引导学生进行个性化想象，选三个答案中的哪个都是可以的，这里没有对错而只有尊重学生富有个性化的理解，请他们用上描写神态、动作的提示语，写一写陶罐和铁罐在梦中相见后的对话。

案例二

角的初步认识

修飞燕

"角的初步认识"是青岛版小学数学2年级上册第五单元信息窗1的内容，让学生结合具体的情境初步认识角、知道什么是角、知道角的各部分名称、会画角；认识直角，会用简单的方法比较角的大小，为进一步学习几何知识打下基础。本节课的重点是角的认识，难点是角的大小比较以及会区分直角。本信息窗内容较多，可分为两课时进行教学。

在学习本节课之前，学生已经初步认识了长方形、平行四边形、三角形等平面图形，有了一定的几何知识基础。而教材也是从学生所熟悉的教室里的角作为情境切入。图中呈现了大量的我们日常所能见到的物体，如五角星、桌子角、三角尺、小红旗等，让学生借助生活经验找一找图中的角或者教室里的角；通过看一看、摸一摸，谈一谈自己对角的直观感受，鼓励学生用自己的语言说一说什么是角，如"角是尖尖的""角有两条直直的边"等。在此基础上，引导学生观察、分析从实物中抽象出来的角，形成对角的初步认识并知道角的各部分名称，进而从对生活中的角的认识过渡到对数学意义上的角的认识。为了了解学生是否掌握了什么是角，在此出示一组"按点"：

题干：下面图形中哪些是角？

选项：

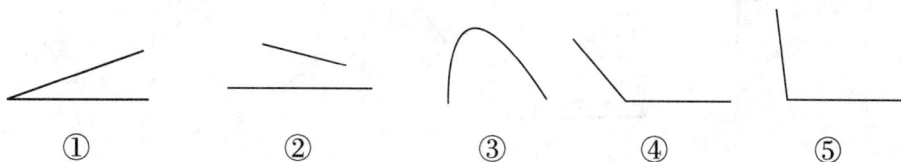

①　　　　②　　　　③　　　　④　　　　⑤

此"按点"的设计意图是通过正例和反例的对比，让学生理解角有一个顶点、两条直直的边、两条边相交在顶点处等概念，帮助学生在巩固知识的基础上为下面学习角的画法奠定基础。

在学生理解了角的这一概念后，让他们找一找生活中的角，并在图上标画出找到的角，深化他们对角的认识；然后出示以下一组"按点"：

题干1：右面的图形中有几个角？

选项：① 1个　　　　　　② 2个

③ 3个　　　　　　④ 4个

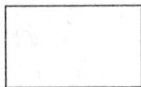

题干2：右面的图形中有几个角？

选项：① 1个　　　　　　② 2个

③ 3个　　　　　　④ 4个

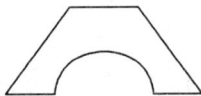

题干3：右面的图形中有几个角？

选项：① 1个　　　　　　② 2个

③ 3个　　　　　　④ 4个

此"按点"设计作为拓展练习，帮助学生巩固角的相关知识点，深化学生对角的认识，强化角的基本知识点，为后面学习直角等相关问题打好基础。

接着引导学生认识直角。通过出示各种带有角的图片，让学生观察、分析这些角。这些角中有的比较特殊，它们和三角板上最大的角形状相同，向学生明确这样的角就是直角，并且说明直角的直角符号。最后，可以让学生找一找身边的直角或折出一个直角，以加深学生对直角的感知；同时让学生知道要判断一个角是否是直角，可以用三角板上的直角比一比：无论它是正放、反放还是斜放，只要和三角板上的直角同样大就是直角。在学习了这些知识点后出示以下一组"按点"：

题干：下列哪些图形是直角？

选项：

　　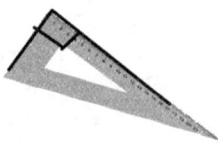　

① 　　　　　　② 　　　　　　③ 　　　　　　④

此"按点"的设计意图在检测学生是否掌握了什么样的角是直角，同时进一步帮助学生深化直角的图形概念。

然后，教材呈现了第三个红点问题"哪个角大"。此时，先不急于进行教学，而是先出示一组"按点"让学生进行判断：

题干：下面图中的两个角哪个大？

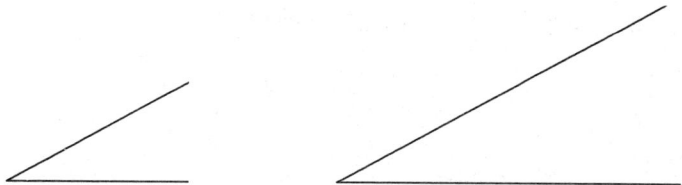

此"按点"的设计意图是在学习有关角的大小问题之前，先让学生根据已有的经验来判断哪个角大。在学生给出答案后，教师不急于给出正确答案，而是让学生自己动手操作简单的工具来验证自己的结论，引导学生通过自主探究活动得出两个角一样大的结论。在学生得出这个结果后，再出示一组"按点"：

题干：角的大小与（　　）有关

选项：① 两条边的长短　　② 两条边叉开得大小

此"按点"的设计意图是让学生先根据已有经验和刚才所学的知识进行判断。在判断过程中，肯定会有不同的声音出现，以此来制造课堂的矛盾点，激发学生的探究欲望；然后引导学生通过多种方法进行探究，得出"角的大小与两条边的长短无关、与两条边叉开得大小有关"这一结论，在培养学生解决问题能力的同时也使学生了解解决问题方式的多样化。

在学生得出角的大小和两条边叉开的大小有关这一结论后，出示以下一组"按点"：

题干：把下面三个角按照从小到大的顺序排列起来。

选项：

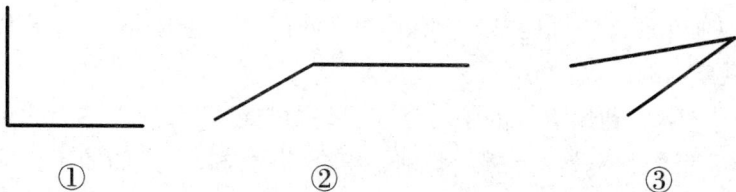

角的大小比较是本节课的难点，因此设置此"按点"的意图在于强化训练、巩固知识，了解学生对该难点的掌握情况；如果有的学生选错了，可以通过小组讨论的形式，帮助选错的同学掌握该知识点。

将互动反馈应用到课堂教学中，教师可以根据学生的作答及时了解学生的掌握情况，据此及时调整教学进度。这样做，大大地提高了课堂教学的效率，同时也体现了学生在课堂学习中的主体地位。

第四节　平板电脑、智能手机等在教学中的应用及案例赏析

平板电脑或智能手机与学生的学习终端（平板电脑或智能手机）通过互联网或局域网组成一个互联课堂，通过师生、生生互动组织教学，形成"一对一"数字化课堂上的典型配置。平板电脑和智能手机的特点和优势在前一章中已经介绍过了，在"一对一"数字化课堂上同样适用，加上学生端以后，其教学的优势就更加明显。

首先，教师和学生可以实时互动。传统的课堂中，教师和学生的互动基本上靠提问、对话、课堂练习评价等途径，互动的人员占比、互动的精准性、互动的效率等都受到很大限制。在"一对一"数字化环境下，教师除了可以采用传统的互动方式外，还可以通过网络推送学习资料、发布练习题等；学生可以在第一时间接收到老师发来的资料或习题，并且接收之后或做完之后迅速提交，学生的参与度、反馈的精准性和效率都大大提高。

其次，学生在利用手中的学习终端进行个性化学习的过程中，教师可以通过课堂管理软件，监控学生的学习情况，通过学生桌面的变化观察学生的思维变化，这也就使学生的思维变得可视化了。课堂管理系统不仅可以使每个学生都参与到学习中来，还可以帮助教师通过窗口分析判断哪些学生需要帮助，以便在巡视的过程中进行有针对性的帮助，这也就提高了班级授课制下个性化学习的成效。

再次，学生利用手中的学习终端可以对自己不懂的、不会的东西进行上网搜索，通过比较、分析、鉴别、组合等建构起自己的知识，从而培养起互联网的思维方式和自主学习的能力。在课堂的自主时间内，学生还可

以借助各种网站、APP等开展个性化学习。课堂上，学生还可以把自己的学习成果通过拍照、录像等形式展示出来，或分享或点评，也可以保存到个人的网络学习空间，供后续学习使用，从而延长了学习成果的利用周期。

所有这些，都是对传统学习方式的有效补充和提升，对于培养学生面向未来的能力十分有利。

以小学语文部编教材1年级下册《树和喜鹊》为例，谈一下"一对一"数字化环境下互动授导式的课堂范式。

案例一

树和喜鹊

李珺琰

一、教材分析

本节课是语文新部编教材1年级下册中的一篇课文。课文借助树和喜鹊两个线索，讲述了从一到多的数量变化以及从孤单到快乐的心境变化，让学生在学习课文的过程中体会到结交朋友的重要性。本节课要求正确认读12个生字，其中"只""种""乐"三个是多音字，"孤单""邻居""招呼"这六个是以词汇的形式呈现的生字。要求会写六个生字以及认识两个新偏旁。了解"孤单""快乐"等词语的意思，积累"叽叽喳喳""安安静静"等词语。本节课的重点是随文识字，认读九个生字，读准"只""种""乐"三个多音字，认识"子字旁""倒八"两个新偏旁，会写"乐"字。让学生了解课文内容，感悟有朋友的快乐。本课的难点是正确、流利、有感情地朗读好课文，积累AABB形式的叠词，会用"也"造句。

二、学情分析

1年级的学生对不同的课堂、不同的授课方式都充满新鲜感，加上年龄较小、注意力维持时间较短、自制力较弱，新颖的授课方式会引起学生的学习兴趣，帮助学生更好地掌握知识。本节课借助IPAD进行"一对一"教学，不仅能提高孩子信息素养，还能使他们在游戏练习中巩固当堂知识。课堂时间有限，学生可以把自己的朗读的录音上传到班级空间进行展示，和全班同学分享或点评；这样既可以让全班学生参与朗读，也可以通过分享点评激发学生的朗读兴趣。

三、教学设计

教学环节	环节目标	教学内容	学生活动	媒体作用及分析
一、课前展示，趣味导入	这一环节呈现课下小活动和课上展示4D书城中关于"喜鹊"的知识，不仅满足了低年级学生的好奇心，也激发了他们的学习兴趣	1. 孩子们，老师在乐教乐学发布了"认识喜鹊"的小活动，大家都积极参加了。谁来分享一下？ 2. 你们可真棒！你们通过搜集喜鹊的信息，了解了喜鹊，那你们想近距离地观察一下喜鹊吗？看老师把小喜鹊带来了。 3. 揭题：看！一只小喜鹊飞到了一棵大树旁，它给我们带来了一个故事。我们就跟着它走进这个故事 	分享成果。 齐读课题"树与喜鹊"	利用乐教乐学APP，在课余时间组织活动，让每个学生参与进来，提高学生探索知识的兴趣，同时渗透新课内容。 利用手机APP"4D书城"中的4D彩蛋，让学生近距离地观察。通过其中的音频资料认识喜鹊的外貌特征、生活习性，在拓展知识的同时活跃课堂气氛，这极大地激发了学生的学习兴趣

（续　表）

教学环节	环节目标	教学内容	学生活动	媒体作用及分析
二、初读课文，学习多音字	这一环节给了学生充分的自读课文时间，使学生能够通顺、流畅地朗读课文。结合语境学习三个多音字	1.孩子初读故事。出示：从文中摘选出三句含有多音字的句子，结合语境掌握多音字。师：哇！我们一下学了三个多音字，每个字的读音你都学会了吗？那老师要考考你们啦，看谁做得又快又准确	自读课文，要求：借助拼音，自由读课文，注意把字音读准确，把句子读通顺。标注自然段。在学生已有的知识基础上，放手让学生当小老师，学习总结多音字。学生完成题目后，教师当堂分析完成结果，讲解	用乐教乐学APP当堂推送练习题，限时完成，移动终端呈现反馈结果，教师有选择性地讲解；这样既调动了学生积极识字的兴趣，也让学生在自学做题的过程中体验到成功的快乐

教学环节	环节目标	教学内容	学生活动	媒体作用及分析
三、朗读课文，畅谈感受，学习表达	本环节把课文以故事的形式呈现出来，递进式的引出，让学生理清课文脉络。感受"孤单""快乐"的心情后，再来朗读课文片段，加深对课文的印象。在学习课文的同时，对AABB叠词有了积累	1. 出示课文第一幅插图。师：这个故事是怎样开始的呢？ 2. 师：只有一棵树，一个鸟窝，一只喜鹊。它们的心情是怎样的？ 3. "孤单"是需要认读的生字。 （1）学习两个新偏旁"倒八"和"子字旁"。 （2）你能根据第1自然段来说说你是怎么理解"孤单"的意思吗？ （3）用移动终端百度搜索"孤单"的含义。 （孤单是一种心理反应，独自一人及有很多人在周围时都可能会有这种感觉）	引导学生观察图画，说说你都看到了什么。齐读第一自然段。 交流说说感受。 引出第二段：树很孤单，喜鹊也很孤单。 读词：指名读，齐读。 交流孤单的含义。 预设： 没有人陪； 没有人和你一起玩； 爸爸妈妈不在家…… 在日常生活中，你什么时候会感到孤单？（孩子畅所欲言） 孩子结合插图用自己的话说一说，用文中的话说一说	本环节以白板展示插图为先，让学生在初读课文之后，自主组织语言说课文，培养锻炼学生的语言组织能力

（续　表）

教学环节	环节目标	教学内容	学生活动	媒体作用及分析
三、朗读课文，畅谈感受，学习表达	本环节以故事的形式展现课文内容，通过递进的方式引出，帮助孩子理清课文脉络。感受"孤单"、"快乐"的心情后，再来朗读课文片段，加深对课文的印象。在学习课文的同时，对"AABB"式叠词有了积累	（4）师：你们能把这两段读出孤单的感觉吗？ 出示插图。 后来呢？后来孤单的树和喜鹊又发生了什么？ 5. 出示第四自然段：树有了邻居，喜鹊也有了邻居。 （1）"邻居"也是需要我们认读的一个词。邻居是什么意思？ 〔家或住的地方和另一个人家或住的地方靠得很近〕 （2）现在树和喜鹊都有邻居了，它们还是孤单吗？那它们怎么样了？你是怎样知道的？ 6. 学习"AABB"式词语。 （1）这段中有一个词语（圈出安安静静）。学生认读。像"安安静静"这样的词，文中还有一个。 （2）对，我们一起读一下这两个词。像这样的词，你还能说一个吗？	读词，说说邻居的意思。 预设：它们很快乐……（你们是怎么知道的呢？）你们能用文中的话说一说吗？ 叽叽喳喳。 预设：整整齐齐，快快乐乐，红红火火，高高兴兴…… 齐读：树很快乐，喜鹊也很快乐。 播放背景音乐自由读，齐读	在讲解词语含义时，用手机、IPAD等移动终端投屏词意。这样既给学生呈现正确的注释，又引导学生在遇到不会的知识时及时查找、学会

（续　表）

教学环节	环节目标	教学内容	学生活动	媒体作用及分析
三、朗读课文，畅谈感受，学习表达		终于，树和喜鹊再也不是只有自己了，它们有了邻居，有了朋友。所以…… 你们能感受到它们的快乐吗？读课文第五至六自然段，读出快乐的感觉		在讲解词语含义时，用手机、IPAD等移动终端投屏词意。这样既给孩子呈现正确的注释，又引导孩子在遇到不会的知识时及时查找、学会
四、视频指导，学写生字	给学生自主识字、写字的机会，并在合作交流中互帮互学；教师适时查缺补漏，指导书写方法	大家读得这么快乐，快乐的小喜鹊带来一个字。我们能不能把这个字写得很漂亮呢？老师在黑板上写，你边看边用小手指跟着一起写。 学会了吗？还不会的话看一下书写小视频。动笔写一写吧	"乐" 学生自己书写（巡视拍照），展示交流书写时发现的应注意的问题，教师指导	本环节利用录屏软件把需要学习的生字做成小视频，在教师指导后，学生跟着视频自主学习笔顺、占位。 在指导学生学习生字时，拍照几个学生书写的模板投屏展示。生评，师评，让学生学习他人优点，找到自己可以完善的地方
五、课文回顾，知识分享，趣味闯关	本环节借助课文的语言，回顾课文内容，并提炼三句话的相同点，引导	故事讲完了，我们回忆一下： 从前：树很孤单，喜鹊也很孤单； 后来：树有了邻居，喜鹊也有了邻居	学生造句，教师及时点评	利用乐教乐学班级空间中"才艺"分享，读课文录音上传，在班级空间里每个学生的朗读都可以听到。

（续 表）

教学环节	环节目标	教学内容	学生活动	媒体作用及分析
五、课文回顾，知识分享，趣味闯关	学生用"也"造句。然后是自主学习时间，让学生用自己喜欢的方式朗读课文；利用乐教乐学巩固本堂课的知识	于是，树很快乐，喜鹊也很快乐。 三句话里都有一个"也"字，你试着用"也"字造一个句子。 树很孤单，喜鹊也很孤单。 树有了邻居，喜鹊也有了邻居。 树很快乐，喜鹊也很快乐。 _____也_____。 好了，分享时间到了，把自己喜欢的一段读给同位听，或者上传到班级空间里，让大家给你点赞吧。这节课我们跟着小喜鹊学习了这篇课文里的字词、句子，也有感情地朗读了课文，大家都掌握了吗？那接下来就打开"趣味学堂"进行闯关吧		学生之间可以留言、点赞，教师选取朗读较好的范例，推荐给学生学习，激起学生朗读兴趣，使他们之间相互取长补短。 最后的时间让学生自主练习。乐教乐学中的趣味学堂，以游戏闯关的方式巩固本堂课生字、词语、句式，真正做到"寓教学于游戏"
六、课后反思	本课用生动的语句和细腻的语言描写了树和喜鹊由孤单到快乐的生活经历，告诉学生有了邻居、有了朋友才能享受快乐的生活。在学习课文时，采用讲故事来贯穿课堂，让学生走进情境；理解课文时，让学生与实际生活相联系，说出自己内心的真实情感；让学生进一步感受到没有伙伴和朋友的生活是孤独的。理解了"树很快乐，喜鹊也很快乐"这句话，也就理解了文章的主要内容。 课堂上，4D书城导入新课，乐教乐学做课堂练习，分享朗读等信息技术的融合，使课堂活跃，学生参与课堂活动的积极性较高				

案例二

各种各样的形

焦 琨

一、教材分析

1.教材分析

本课属于"造型·表现"领域。本课的编写意图是通过观察和记忆生活中各种物体，了解和发现各种形状的组合利用，引导学生关注生活中的美术现象。

2.教学目标

知识与技能：了解和发现生活中的物象可以用不同形状进行概括，初步掌握观察和概括的基本方法。能用形的概括组合方法表现自己喜欢的物象。

过程和方法：在游戏般的观察、体验活动中，学习概括生活中物象的方法。

情感、态度与价值观：在学习过程中培养学生关注生活、热爱生活的情感。

二、学情分析

让学生体会和发现生活中的美，并以自己的创造性制作活动加以提炼。初步尝试应用拼贴画的基本方法进行创作，运用造型创作，培养学生细心观察和大胆创造的精神。

三、教学设计

教学环节	环节目标	教学内容	学生活动	信息技术作用及分析
一、创设情境，导入新课	通过圣诞节引出礼物口袋，利用白板隐藏拖拽功能从口袋取出礼物，引起学生兴趣	教师从礼物口袋取出礼物 	学生根据礼物外形迅速说出形状	利用白板隐藏拖拽功能，瞬间提住学生注意力，提高其学习兴趣

（续　表）

教学环节	环节目标	教学内容	学生活动	信息技术作用及分析
二、乐教乐学平台反馈，翻转课堂	通过乐教乐学反馈，确定学习效果。翻转课堂，以学定教。同时引导学生从生活中发现形状，引导学生回顾已有的知识，激发学生的主动探究意识	1. 提出问题，学生说说所知道的特殊形状。　2. 利用IPAD投屏赏析通过乐教乐学平台学生在家完成的作品	1. 学生说形状。　2. 学生共同赏析通过平台完成的作品	利用希沃投屏，共同回顾和反馈乐教乐学平台发布的活动，让学生在家事先了解形状就在我们身边
三、讲授新课，动手操作	1. 检验孩子在家所学的效果，为后面的学习做好铺垫。2. 通过白板出示图形，学生动手操作摆一摆。3. 出示好的作品引导学生欣赏，引起学生的兴趣	教师请一名学生上台演示操作。　教师请学生在IPAD上，利用这两个形状一起动手拼一拼生活中的物象	学生利用白板的批注功能在IPAD上同步练习画出物象外形方法。教师利用IPAD一对一地进行教学，学生自己操作动手拼一拼，完成自己投屏讲一讲。学生欣赏	学生在白板上动手操作的能力得到了锻炼，增加了师生互动。利用IPAD，学生学习的兴趣浓厚，想象力得到了发挥。拓展了学生思维

（续　表）

教学 环节	环节目标	教学内容	学生活动	信息技术作用 及分析
四、实 践　创 作，完 成学习	1. 通过IPAD实现一对一教学，利用完全演示软件，完成教学目标。 2. 通过有趣的操作激发学生的学习兴趣	教师请学生打开IPAD演示一起动手摆一摆生活中的物象并自己投屏展示 	1. 利用多种形状进行组合创作。创作完成自己投屏进行展示交流。 2. 学生自主操作平板电脑的完全演示软件	通过IPAD一对一教学，利用完全演示软件，学生的动手操作能力得到锻炼；由学生自己在平板电脑上拖拽组合，增加学生学习的主动性。另外，教师在巡视的过程中通过手中的IPAD拍照上传到大屏幕上，方便学生进行交流和分享
五、拓 展　练 习，内 化提升	通过乐教乐学平台，学生能及时反馈学习效果，教师据此来确定学生的学习效果、收获	教师出示多种形式拼组的形状作品，师生共赏析。 请学生打开IPAD涂鸦小能手一起画一画生活中喜欢的各种物象 	学生欣赏。 利用多种形状进行组合创作绘画。创作完成后发到乐教乐学平台进行展示、交流	利用IPAD，学生的学习兴趣浓厚，通过作品的上传，让学生、教师、家长都能看到学生在课堂上的作品，实现了家校互通
六、课 堂小结	巩固学习	请学生回家后继续用其他方法进行图形的创作	学生在平台上对作品互相点赞	利用平台增强互动性

以小学数学3年级第5册第8单元"认识周长"为例，谈一下"一对一"环境下合作式学习的课堂范式。

案例三

认识周长

刘　峰

一、教材分析

本节课的内容是青岛版义务教育教科书小学数学3年级上册的第八单元的第一个信息窗的内容。《认识周长》是数学课程标准中"空间与图形"这一知识领域的重要内容之一，在生活中的应用也十分广泛。这部分内容是在学生初步认识了长方形、正方形特征的基础上展开学习的，同时也将为后面学习圆的周长和长方形、正方形的面积奠定基础。"周长的认识"是本单元最基础的知识。我们这节课讲的周长不仅仅局限于长方形、正方形的周长，而是包含了所有平面图形的周长；既有规则图形的周长，也有不规则图形的周长。这样，能够更好地帮助学生全面建立周长的概念，并且为以后平面图形周长的计算打下良好的基础。3年级的学生学过了物体长度的测量方法，已经认识了一些常见图形以及长方形、正方形、平行四边形的特征，他们的思维特点以形象思维为主，抽象思维能力较弱。教材强调教师应关注学生的生活经验和活动体验，鼓励学生通过"围一围""量一量""算一算"等多种活动去进一步感受、体验周长的含义，深化对周长概念的理解。

二、学情分析

3年级的学生已经认识了各种平面图形，知道这些图形的一些基本特征，只要认识了周长、知道了什么是周长，那么周长的测量方法应该是能迎刃而解的，而探索周长的测量方法的过程反过来又加深了对周长意义的理解。

学生具备一定的信息素养，可以在人人通网络平台上进行自主学习，完成微课观看以及答题并且上传。

三、教学设计

教学环节	环节目标	教学内容	学生活动	信息技术作用及分析
一、故事情境导入	由小故事情境中的问题，引发学生的思考，从而初步理解周长的含义："一周的长度"	同学们，森林里要举行一场时装设计大赛，有2只小兔子，小灰和小白决定设计裤子参加比赛。小灰是这样量的（教师演示腰一周的长度），小白是这样量的（测量不准确），谁设计的裤子更合适呢	学生回答：小灰设计的裤子合适，它测量的是腰一周的长度	
二、交流学习微课的收获	学生自行梳理出本课的重要知识点：1. 什么是周长？2．长方形、正方形、圆的周长的测量方法	同学们，观看微课以后，大家分享一下各自的收获	学生分享：周长指的是封闭图形一周的长度。 2. 在白板上描出三个图形的周长。	1. 白板上呈现交流的主要问题，学生对于要解决的问题清晰明了。 2. 根据学生的选择，从白板资源库中随意调取三个图形，由学生描出周长，将图形抽离，清晰地看出图形的周长

（续　表）

教学环节	环节目标	教学内容	学生活动	信息技术作用及分析
二、交流学习微课的收获	3. 将微课后学生完成不理想的题目，通过电子白板课件呈现出来	根据学生回答板书出周长的定义。 反馈	3. 学生可以在白板上边画边讲长方形、正方形、圆的测量方法	3. 根据学生的交流，从资源库中随机调取长方形、正方形，圆和扇形，学生可以利用笔键的功能，随机讲解这些图形的测量方法。学生的想法尽显在白板之上，教师可有力地抓住课堂的生成资源
三、针对学情，重点讲解	对完成不理想的题目，学生进行重点分析与讲解			通过投屏学生练习反馈情况，针对学生不理解的知识点，学生讲解，教师适时引导。对白板上呈现的题目，学生在讲解时，可根据自己的想法，随意拖动图形的边，这样在白板上操作以后，就可以得到一个长方形
四、挑战自我练习——面向全体，及时反馈结果——互评互助	学生重点分析解决练习中集中的问题，通过在交互式白板上的演示由学生分享解决方法	课堂上在平台发布基础性练习，面向全体学生。 教师适时引导	学生完成平台答题。由学生答疑解惑	教师利用互动反馈平台将一组基础性练习发布给学生，学生在课堂上完成并提交，系统会自动反馈出答题情况，方便教师随时掌握学情

（续　表）

教学环节	环节目标	教学内容	学生活动	信息技术作用及分析
四、挑战自我练习——面向全体，及时反馈结果——互评互助	学生重点分析和解决练习中集中的问题，通过在交互式白板上的演示由学生分享解决方法	了解练习结果，对于个别错题，学生互助讲解	学生操作白板	教师根据学生在人人通网络平台上的答题情况，进行有针对性的点拨或讲解。对白板上的题目，学生根据自己的思路，可以进行图形的拖曳，从而更好地理解题目
五、游戏中的放松——IPAD上进行图形拼组游戏	学生通过操作IPAD，进行图形的组合。这既考查了学生的想象力，又进一步考查了学生对周长的理解	在人人通网络平台上进行数学游戏的图形拼组。用4个边长为1cm的小正方形，能摆成哪些图形？数出它的周长。教师每小组选取了2幅学生作品，一屏投出8个学生的作品	学生以小组为单位进行分享讨论交流，教师按小组拍照同屏，分层展示。（四屏展示各小组的作品）	学生在平板电脑上拖拽，进行图形的组合，这样的操作速度快、效率高，不受思维限制，便于自由发挥。充分体现同屏技术的魅力所在。讲解某幅图形时可以随机点击，进行放大

（续　表）

教学环节	环节目标	教学内容	学生活动	信息技术作用及分析
六、拓展提高练习——加强巩固	学生完成设计一个周长是16厘米的图形	教师进行投屏展示，学生讲解	动笔完成学案纸上的1道题。学生动笔画出自己所想到的图形 画出一个周长是16厘米的图形	在学案纸上完成答题，是将信息技术与传统的做题方式有机结合，将多元化的学习方式融入学生的数学课堂。同屏以后，对于学生的作品点评，还可以发放小奖章，激励学生的学习积极性。在数图形时，可以运用白板的笔键功能，随机在白板上勾画，清晰明了
七、个性化练习——趣味学堂	个性化练习旨在通过闯关游戏，考查学生对本节课知识的掌握情况	教师随机了解学生的完成情况	每个学生进入"趣味学堂"以后，进行本节课个性化的数学闯关练习 	网络人人通平台不仅为每个学生提供了不同的闯关游戏，而且在学生出现失误时在界面上会有详细的讲解过程，便于学生的自学，更好地做到了人机互动
八、课堂数学实践活动	在实践中感知理解周长，并能进一步体验到数学就在我们身边	数学就在我们的身边，我们的身体中就有周长的应用，比如头围、腰围、手腕一圈的长度都可以量一量	同位合作，量一量腰围 	学习数学的重要目的，在于用数学知识去解决日常生活中的实际问题。因此数学练习题的设计必须贴近学生熟悉的现实生活，所以，我设计了一个课上动手操作活动

（续　表）

教学环节	环节目标	教学内容	学生活动	信息技术作用及分析
八、课堂数学实践活动	在实践中感知并理解周长的定义，能进一步体验到数学就在我们身边	数学就在我们的身边，我们的身体中就有周长的应用，比如头围、腰围、手腕一圈的长度都可以量一量	学生互相合作，进行课堂实践	周长在我们身体的很多地方都有应用，比如腰围、头围、手腕一周的长度……同位之间互相动手量一量吧。这样设计，可使学生体会到生活中处处有数学，数学就在自己身边，从而激发他们学习数学的兴趣
九、课堂总结，布置作业	通过实践作业，培养学生的动手操作能力以及在实践中对周长的理解，考查学生对网络平台的操作能力	1. 同学们，这节课你有什么收获？引导学生总结知识。2. 将实践作业发布到乐教乐学的班级活动中	学生课下完成	通过实践作业，测量出生活中物体表面的周长，记录下来并上传"乐教乐学"班级活动平台。与同学们分享自己的测量数据

以小学语文部编教材3年级第五册"古诗三首"为例，谈一下"一对一"数字化环境下探究式的课堂范式。

案例四

古诗三首

李珺琰

一、教材分析

本节课是语文新部编教材3年级上册中一篇课文。课文选用了杜牧的《山行》、苏轼的《赠刘景文》、叶绍翁的《夜书所见》三首描写秋景的诗。通过三首诗的学习让学生体会诗人创作诗词时的所见所感，理解诗人描写秋景的手法。本节课要求正确认读11个生字，其中"挑"是多音字，要求会写13个生字。本节课的重点是有感情地朗读课文、背诵课文，发现三首诗的共同点——描写秋景，并从诗中找到描写秋景的提示字词；难点是结合注释，用自己的话说说诗句的意思。

二、学情分析

3年级的学生已经具备自主学习的意识，对古诗的学习兴趣较高。就青岛弘德小学的学生而言，从1年级入学就接触"一对一"IPAD学习，积累了一定的信息素养，IPAD操作较为熟练，借助IPAD自主学习不成问题。本节课以"让学生站在课堂中心"为目标，发挥学生学习的主体作用，借助IPAD进行"一对一"探究式教学，让学生借助网络搜索自主探究古诗的大意、内涵，积累描写秋景的诗词；以"乐教乐学"为平台，分享所学所感。

三、教学设计

教学环节	环节目标	教学内容	学生活动	信息技术作用及分析
一、回顾诗词，导入新课	本环节通过回顾学生日常积累的关于写季节景色的诗句，引出本节课课题，并为所学的三首写季节景色的诗做铺垫	1. 孩子们，你能用一句诗来表达你所看到的景色吗？这是描写的哪个季节的诗句？那这张照片呢？	1. 接天莲叶无穷碧，映日荷花别样红。 夏季。 墙角数枝梅，凌寒独自开。 冬季。 2. 预设："胜日寻芳泗水滨，无边光景一时新"是朱熹写的春季景色。 "小荷才露尖尖角，早有蜻蜓立上头"是杨万里写的夏季景色。 "孤舟蓑笠翁，独钓寒江雪"是柳宗元写的冬季景色。	借助图片，让学生用诗句表达自己所见所想，提高学生对古诗的学习兴趣

（续　表）

教学环节	环节目标	教学内容	学生活动	信息技术作用及分析
一、回顾诗词，导入新课	本环节通过回顾学生日常积累的关于写季节景色的诗句，引出本节课课题，并为所学的三首写季节景色的诗做铺垫	2. 看来我们都是小诗人。既然我们积累了这么多诗，你能想想还有哪些写季节景色的诗句吗？ 3. 对呀，这些都是描写季节景色的诗，古人把他们在每个季节看到的美丽景色都用诗词记录下来。这节课我们要学习三首写景色的诗	3. 齐读课题"古诗三首" 古诗三首	借助图片，让学生用诗句表达自己所看所想，提高学生对古诗的学习兴趣
二、借助工具，自主探究	本环节"让学生站在课堂中心"，发挥学生学习的主体作用，借助IPAD进行自主探究，利用网络搜索学习古诗的大意、内涵	1. 通过课前预习，相信大家都已读熟古诗，甚至都背下来了。三首古诗中肯定有你最喜欢的一首，谁能给大家朗诵一首？ 2. 大家对这三首古诗都很熟悉了，那怎样才能把诗人当时创作的心境、看到的美景还原出来呢？ 3. 对，想要读好诗词，就要先找到诗词的创作背景，理解诗词的大意。相信大家都能自己探究出来。下面为大家留出充足的时间，借助书中注释，利用IPAD搜索完成任务单上的问题 《古诗三首》任务单 1) 这三首诗写的是哪个季节的景色？你是从哪些地方看出来的？ 2) 选择一首喜欢的诗，用自己的话说说诗句的意思。	1. 朗诵古诗。 2. "理解古诗背景和内容。" 3. 自主探究：（1）这三首诗写的是哪个季节的景色？你是从哪些地方看出来的？ （2）选择一首喜欢的诗，用自己的话说说诗句的意思	放手让学生利用IPAD等学习工具，主动学习、自主探究。让学生缩短知识内化步骤，增强记忆力

（续　表）

教学环节	环节目标	教学内容	学生活动	信息技术作用及分析
三、交流分享，有感情地朗读	本环节通过交流分享自主探究的成果，加深对诗句的理解，体会诗人创作心境，有感情地朗读诗文	1. 谁想分享一下你的收获？ 2. 谁能分享一下你喜欢的诗，并说说你都探究了哪些知识？ 3. 通过自己学习，和同学之间的交流分享，我们对这三首诗有了更深的理解。相信大家会朗诵得更好。谁来试试	1. 预设：这三首诗描写的都是秋季的景色。从《夜书所见》中的"秋风"，《赠刘景文》中的"荷尽""菊残"，《山行》中的"枫林"这几个词中看出…… 2. 交流分享，相互补充。 3. 指名朗诵，师生互评	通过白板投屏，展示学生的探究成果，对学生的自主学习成果适当肯定和鼓励，激发学生自主学习的积极性
四、拓展学习，积累经典	本环节在学习三首描写秋季景色诗的基础上，让学生主动积累关于描写季节景色的经典诗句，扩大学生的知识面	这节课我们学习了三首描写秋景的古诗。通过大家自己的探究和分享，我们掌握三首诗的创作背景、诗句大意……其实，还有很多诗人喜欢用诗词来表达自己的所见所感，把看到的景色用经典诗句留存下来。下面大家利用IPAD搜集写景的诗句吧，发到"乐教乐学班级空间"一起学习分享	学生借助网站搜索积累诗句，分享到班级空间	学生的自主学习兴趣高涨，趁机让学生利用IPAD工具，寻找写景诗词，积累经典诗句，提高对中华经典文化的兴趣

（续　表）

教学环节	环节目标	教学内容	学生活动	信息技术作用及分析
四、课后反思		探究式教学，顾名思义就是以探究为主的教学，是以学生自由支配的学习并在教师的引导下，自主参与、发现知识的过程。本节课所学的三首古诗，绝大多数学生在课前已经熟读成诵。考虑到用以讲为主的方法，进行教学，学生的学习积极性较低、知识内化程度不高，因此采用以学生为主体的探究式学习。一节课下来学生不仅掌握了三首古诗的共同之处、诗句的大意，还进行拓展学习，积累了更多描写景色的经典诗词。 本节课课堂效果较好，学生自主学习的兴趣较高。这不仅达到了教学目的，也培养了学生自主探究学习的能力。3年级学生的信息化学习能力较强，但对信息的选择和提取能力在今后的学习中有待提高		

第五节　"一对一"数字化环境下语文、数学教学常用策略

例谈平板电脑在小学语文教学中的融合应用[①]

蒲玉峰

随着科学技术的突飞猛进，教育信息技术如水银泻地般涌入中小学，伴随移动互联网的发展，正在催生出新的教学生态。美国新媒体联盟推出的《地平线报告》中提到的"云计算、移动学习、学习分析和开放内容"已成为基础教育的应用方向。

技术的变革势必带动教学模式的变革。平板电脑这一具备资源开放、操作便捷、可移动、处理能力强等特点的新媒介也越来越广泛地应用于基础教育的课堂上。

青岛弘德小学以"融入课堂、鼓励自主、注重生成、提高效率"为基本原则，灵活运用平板电脑，较好地实现了技术与学科教学的有效融合，促进

[①] 选编自：蒲玉峰.基于PAD构建小学语文混合式教学新生态［J］.中小学信息技术，2018（5），68–69.

了教学目标的高效达成。

以1年级下册《棉花姑娘》一课为例，平板电脑在提高小学语文学习兴趣、培养语文学习习惯、提高课堂教学效率、推进学科知识融合等方面有效弥补了传统教学的不足，取得了较好的教学效果。

一、变静为动，凝聚学生注意力

布鲁纳说："学习的最大兴趣，乃是对学习材料的兴趣。"传统的教学材料无非就是纸质教科书和学习资料，这些静态的学习材料难以长时间吸引学生注意力，传统课堂中的教学模式很难调动起学生的兴趣；即使是教师演示多媒体，也还是教师给定的相对静媒体，而中小学生对于新鲜事物更容易接受，平板电脑富媒体诸多呈现方式为语文课堂带来了新鲜、生动、多彩的气息，时时吸引了学生的注意力。[①]

在教授《棉花姑娘》一课时，我通过平板电脑中的注释类APP——"Explain everything"展示课件，使用了其中的画笔工具、撤销工具、激光灯等工具；在识字认词环节，我使用了有声激光灯引领学生认读、抢读、开火车读，将学生的注意力凝聚在声色变换的光柱中。所有这些工具的使用，教师和学生都是主体，学生同样可以参与这些工具的操作和演示；而这些材料在演示之前都是相对静媒体，经过教师、学生的手就变成了鲜活的动媒体。这样，不仅营造出一种积极、活跃的气氛，而且使学生经历了知识产生的过程，从而使他们的学习积极性和学习效率大大提高。

二、变教为学，培养学生学习能力

教学的本质是教会学生学习。在传统环境下，由于教师和学生拥有资源的不对称性，学生真正的自主学习很难发生。在互联网和各种各样的"教育云"环境下，学生学习的时间、内容、地点、进度以及成效很大程度上实现了自主。

课堂上依托平板电脑，学生自主学习的效率更高。例如，传统的语文教学中，如《字典》《成语词典》等工具书是学生的必备物品，长期占据着学生的书包，增加着学生的负担。在互联网环境下，拥有一台平板电脑就等同于拥有一本万能工具书，当需要查找未知的资料时，随时随地可以上网搜索，省时又省力，学习效率得到提高，也使学生从沉重的书包下解放出来。学生不必再为了解字词的意思去慢慢翻找厚厚的字典，只要登录"汉典""象

---

① 陈树强.浅谈平板电脑在教学中的应用［J］.中小学电教，2015.3.

形字典"之类的网站即可获得生字的音、形、义、源等知识。学生对于互联网工具的使用，实际是在培养一种互联网思维，这就是培养学生自主学习能力的重要一步。

连接课堂内外的翻转课堂因网络和资源而得以实现。课前，学生可以通过学校云平台的资源中心和微课模块自行预习《棉花姑娘》一课的故事内容，课堂上教师引用资源中心里七星瓢虫的视频进行知识的强化，并通过资源推送让学生了解更多益虫的有关知识，从而实现知识的有效拓展。在这些知识的学习过程中，学生都是学习的主体，学生的学习行为很大程度上实现了自我掌控，在长期的培养过程中慢慢形成自主的学习能力。

三、变群读为个读，培养个性体化体验

《小学语文新课程标准》认为："朗读不仅仅是一种技能的训练活动，更是一种主体的生命活动，是贯穿于整个义务教育阶段的最重要的也是最基本的语文教学方法。"四个学段的阅读部分都率先强调"能用普通话正确、流利、有感情地朗读课文"，[①]在教学建议部分也提出"各个学段的阅读教学都要重视朗读和默读"。

传统的朗读形式——学生手捧一本书听老师范读或者听录音范读，这是一种忽略学生阅读个性化体验的方式，学生很难从朗读中获得持久的乐趣，也会大大减少朗读体验。

平板电脑中有很多适合小学语文朗读教学的APP，"4D书城"是我们常用的一款。《棉花姑娘》一课的课文除了注音和每段的录音范读外，个别重点字词还配有视频资料或注解。学生可以根据自己的需要任意选择段落播放录音，也可以跟读或录制自己的语音，标准的语音语调、生动的画面、丰富的知识就会储存在学生的头脑中，从而对低年级小学生起到很好的示范和启发作用，也提高了他们朗读和领会课文的能力。这种朗读形式更加注重学生的主观能动性和感受的独特性。教师鼓励学生利用平板电脑自己通过批注、录音、拍照等多种形式表达自己的阅读感受，利用4D技术增强现实效果，并利用网络空间进行多元化的交流评价，从而把语文教学的朗读变成了学生感悟、积累和运用语言的语文实践活动。

---

① 中华人民共和国教育部制定.义务教育语文课程标准［M］.北京：北京师范大学出版社，2012.

四、变封闭为开放，促进学科融合

叶圣陶先生说过，"教育的最后目标是使每个分立的课程所发生的影响纠结在一块儿，构成一个有机体似的境界，让学生的身心都沉浸在其中"。"现代社会，要求公民具备良好的人文素养和科学素养，具备包括阅读理解与表达交流在内的多方面的基本能力"。"应拓宽语文学习和应用的领域，注重跨学科学习"。①语文作为基础教育的重要学科，其教学设计理念必然要向学科融合转变，将知识拓展的范围打破学科的局限。

《棉花姑娘》一课，我把语文与科学有机结合，采用增强现实技术（AugmentedReality，简称AR），利用AR设备为学生呈现一种逼真的视、听、力、触和动等感觉的虚拟环境，使学生在课堂上能够体验到"身临其境"的感觉。在拓展讲解自然界的益虫时，我使用了AR，让学生置身于与蜻蜓零距离接触中，学生耳边听着生动的讲解，了解蜻蜓这种益虫的外貌特征、生活习性以及它对人类的贡献，目睹蜻蜓在身边飞翔，感受到这种益虫的可爱，从而自觉产生保护意识。学生在学习语文的同时，也对自然科学产生了浓厚的兴趣，激发了他们保护大自然的情感共鸣。

语文的学科思想加上平板电脑先进技术的深度融合，必将给小学语文教学带来熠熠生辉的未来。

例谈小学数学翻转课堂中平板电脑的应用策略②

刘　峰　张　丽

摘要：随着互联网技术和信息技术的发展，翻转课堂教学模式应运而生，平板电脑在其中发挥了不可替代的作用。平板电脑以其便携性、资源多样性、易得性等优势，有效支撑活动探究、即时反馈和学习生成，呈现出更加多样化的教学生态。山东省青岛弘德小学数学教师团队在小学数学翻转课堂中对平板电脑的融合应用进行了有益的探索。

关键词：小学数学　翻转课堂　平板电脑　融合应用

《数学课程标准》指出：有效的数学活动不能单纯地依赖模仿与记忆，自主探索与合作交流是学生学习数学的重要方式。因此，在教《认识周长》一课时，我尝试采取先学后导、以学定教、顺势而导、同伴助学的学习模式，

---

① 赵玉.浅谈语文教学中的学科融合［J］.试题与研究:教学论坛，2014（17）：51-51.

② 选编自：刘峰，张丽.例谈小学数学翻转课堂中平板电脑的应用策略［J］.中小学信息技术教育；2018（12）；54-55.

以"情境中体验—生活中建构—实践中生成"为课堂的主线，采用情境教学、实践探究、小组合作的方法来引导学生认识周长；同时，遵从学生"充分感知—建立表象—抽象概念—形成概念"的认知发展规律，采用观察发现、动手操作、同伴助学和归纳总结的方法获得知识，让学生在一系列活动中感知周长、理解周长。

本节课中，我采取了翻转课堂模式。这种在网络环境下的"一对一"数字化学习较传统教学具有不可比拟的优势。课前的微课学习主动探究、课中的组内合作及汇报展示、课前课中课后在网络平台中的习题推送和活动发布等，让学生的自主学习真正发挥了实效。学生在课堂上有大量的时间进行有梯度的练习和个性化的学习，很好地实现了分层教学。

一、课前营造主动探究氛围，体现学习的主动性和互动性

"一对一"数字化教学是一种新的教学环境，但离不开教学的本质。教学的本质是互动和转化，不管是人际互动、人机互动还是人和纸质媒介或其他媒介的互动，互动都是第一位的。而在众多的互动中，最有效、最容易转化的互动还是人际互动。所以，理想的"一对一"数字化教学应是一种高混合式的学习。

教本课前，我通过网络平台向全体学生推送微课和相应的练习，由学生在家里人手一机观看微课，根据学生的完成情况，网络平台自动进行数据的汇总，形成"基础知识测查—了解思维取向—引发思维碰撞"这样互动反馈自我调控的一条线。教师根据这些数据可以清楚地掌握学情、了解课前基础，以便确立课堂中的重难点和教学策略，更好地关注学生的个性思维发展。

学习过程中，学生直接在平板电脑上选、写、画、擦、拖且操作容易、便捷，将图片进行编辑，将图形进行拖曳重新组合，从笔的颜色到笔宽的选择多样化等等都由学生自主掌握，学生的学习兴趣大大提高，学习也由被动变为主动，学习的效率也更高。例如，让学生在平板上描出图形的周长，然后挪走原图形。这不仅体现了平板电脑的互动性，而且使学生清晰地经历知识产生的过程，使学习效果大大提高。

二、课中创生多种应用方式，体现技术的综合效益

受技术手段的影响，传统课堂存在着面向全体难、关注个体更难、师生交互方式少且慢、反馈不及时，学具不全、学生动手实践少，教学内容不直观、影响学生理解等问题。在平板环境下，这些问题在很大程度上都能得到解决。

1.创设虚拟情境，培养学生想象力

学生的天性就是喜欢有趣、奇特的事物，培养创新能力则是教学中最重要

的教学目标之一。[①]

传统的课堂，受时间、地点、空间等因素的限制，无法进行数学小实验或者小小数学实践活动。而通过平板电脑上相关的APP都可以实现，深受学生的喜欢。

你们知道4个边长为1厘米小正方形，都可以拼组成哪些图形吗？学生可以在平板电脑上通过APP进行图形的拼组游戏，得到一种组合以后可以拍照留存，点击重新开始又可以将自己另外的想法得以展示，同时可以数出拼组后图形的周长。每个学生在平板电脑上拖拽，拼组，尽情创意出属于自己的作品。每组推荐2幅作品进行交流展示，同屏技术的运用，可以在大屏幕上同时出示4张照片，共计8幅作品。这是以往传统的实物投影所不具备的优势。讲解过程中随机放大任意一幅图片，笔键可以进行标注，并且可以即时发放小奖章激励学生。教师将展示与讲评有效结合，进行对比教学，达到了事半功倍的效果。

2. 利用互动平台快速推送和反馈，提高教学效率

"一对一"数字化教学，其价值主要体现在面向全体学生和学生学习的个性化上。面向全体学生不仅是指每一个学生都有参与的机会，而且通过教师管理系统使每一个学生都必须参与；学习的个性化，不仅是基于大数据的精准教学，而且很多时候学习的内容、进度、快慢、次数、效果都能由学生自己把握，体现学生学习的主动性和个性化。

课堂中，教师运用网络互动平台，现场给学生推送练习，学生在平板电脑上完成练习并提交，教师现场得到反馈数据，针对学生的集中失误点，由学生操作平板电脑进行讲解、教师适时进行补充。由此，有的放矢，练习的针对性更强，有效地节省了时间。

通过网络互动平台可视化的窗口，学生在操作的过程中，教师可以对学生的思维状况清晰地掌握。本课中，学生从平板电脑的资源库里，可以随意调取出长方形、正方形和圆形，随机放大、缩小，用笔键进行勾画。学生在画出图形的周长后，可将图形与所画的周长再进行分离；通过形成的生成性资源，学生可以重构课前对概念的理解并深度内化；通过窗口也可以观察到有问题的学生，以便教师及时近前帮助，实现精准"帮扶"。

3. 利用自适应系统，有效实现分层教学

课堂巩固练习、拓展提升必不可少，而传统环境下的练习不仅批阅费时费

① 梁璐.信息技术简约课堂［J］.新课程学习（上），2014（12）：112.

力，而且缺乏个性化。利用自适应系统，学生在理解了本节课的知识点以后，通过登录自适应系统的闯关游戏，不仅能够了解自己对知识的掌握情况，而且不受限制地进行闯关，每一次闯关都是对自己的挑战，成为自己和自己的竞赛，学习的内动力和积极性空前得到提高；即使闯关失误或失败，学生也可以根据系统提示进行补救式学习或求助老师或求助同伴，再进行新一轮的闯关。在这一过程中，学生不仅实现了学习的个性化，而且建构了学习的方法。

4.利用网络学习空间人人通平台，实现课堂开放

互联网打破了有形无形的围墙，使学习的时空无限延展，教师不仅可以把课堂开放给家长，同样也可以把课堂以外的家长引进课堂。课堂上学生的学习表现、精彩片段甚至是疑惑与迷茫，教师都可以通过平板电脑拍照、录制小视频、录制音频等发送到班级空间，家长会在第一时间了解课堂情况。同时，教师如果需要引进社会化资源进行现场教学时，有能力的家长同样可以通过手机录制小视频、拍照的形式进行补充教学。

5.利用搜索引擎自主学习，培养学生的学习能力

互联网是一座取之不尽、用之不竭的知识宝库，利用互联网进行知识的搜索、分析、组合和利用，是培养学生互联网思维的基本途径。"一对一"数字化教学绝不仅仅是实现教学手段的智能化、教学内容的电子化、教学过程的网络化、教学结果的可检测等，更重要的是通过工具的利用，开辟出现代与传统并驾齐驱的学习新路径，培养学生的学习能力，建立起新的学习文化。

三、课后多种方式应用，凸显学习的多样化

课后，教师可以把课堂中出错较多的问题进行归类整理并发布到网络学习空间人人通平台，供学生进行回顾或练习；也可以推送与本课有关的内容，供学生进行巩固或拓展练习。学生则可以进入自己的人人通空间进行课堂知识的回顾和再练习，也可以借助自适应系统进行个性化闯关，还可以观看新的微课内容准备下一节课的学习，甚至可以借助互联网进行探究性学习等，学习的方式变得空前自主和多样。这也是"一对一"数字化学习的基本要义，即随时、随地、个性化。

数学深邃的学科思想加上平板电脑先进的技术，必将使小学数学学科教学焕发出更加夺目的光彩。

第六节 "一对一"数字化设备在教学中存在的问题

和任何教学环境一样，"一对一"数字化教学环境也存在一些影响教学的因素。

1. 技术的干扰

教学在很大程度上是思想影响思想、灵感碰撞灵感的事业，人际互动是最好的互动方式。但是，终端进到教室以后，一方面，由于技术不熟练或技术素养不高，教师往往在黑板、平板、教室电脑、学生电脑之间疲于奔命，整堂课下来给人的感觉就是忙，特别是忙于操作技术，但往往错误不断，使课堂的流畅度大受影响。另一方面，教师把很多能够以人际方式解决的问题采用技术解决，徒增一个中间环节，使课堂缺少了温度，教师与学生之间那种互动的亲切度、美感也大为降低。

2. 教师没有真正认识到平板的价值，教学的思路不够开阔

教师要么只是把平板作为呈现资源的一种方式，只是按自己的预设完成既定的目标；要么就把自己的教学束缚在一个平台之内，只有师生的互动，没有联结互联网，没有把平板作为一种认知工具来使用，只是把它当成一种接收和反馈的工具而已；要么就只用平板放弃了其他教学手段，不能够根据教学活动需要灵活多样地选择适合的教学工具，对混合式教学的把握不够到位，技术融通的能力有待加强。

基于上述问题，在"一对一"数字化教学中应该把握以下特性。

1. 整体性

"一对一"数字化学习作为数字时代新型的学习方式，仍然离不开教学的本质。教学的本质是育人，内容和媒体的互动和转化，不仅仅是教学手段的改变，也是教学思想、学科思想、教学方法和策略、教学评价、情感态度价值观的综合体系。教学手段的改变必然促动教学思想的改变，教学思想的改变必然带来教学方法、策略和评价的改变。这就和现代大机器收割麦子一样，与小镰刀比起来，其生产流程是不一样的，也就是过程和方法是不一样的。因此，就不能用小镰刀的思维方式来操作大机器，必须建立起一套适应大机器生产的运行体系。

2. 主体性

技术绝不只是教师教学的辅助手段，不是教学内容的电子化、呈现方式的多媒体化、课堂推送和反馈的即时性，这些更多的是体现教师的教，是从教师教的角度来设计使用技术。教学情境固然比传统纸质媒介丰富，交互效率也比传统教学手段及时，但并没有真正调动起学生学习的内生动力，学生只是把技术作为与纸质媒体并行的一种新学习媒介而已，没有作为认知的工具来使用，学生既没有建立起利用技术来主动学习的意识，更没有建立起利用技术进行主动学习、自主学习的习惯和方法，充其量只是对传统学习方式的一种优化而已。现实中我们经常看到，有的教师为了上一节"一对一"的课，要请人费时费力地做一个电子书，虽然内容弹进弹出，音视频俱全，但并没有给学生留出自主掌控技术的空间；有的教师津津乐道于即时反馈，技术成了大量做题的工具……这些都是没有充分理解"技术工具观"的表现。

3. 学科性

知识本身是一个整体，建立知识的整体观，有利于我们宏观地认识世界；具体到学科而言，有利于微观地认识世界。没有宏观的知识观，学科知识是不完整的；没有学科知识的深厚积淀，整个知识体系是不厚实的，这就是进行学科整合和进行学科教学的辩证关系。在进行数字化教学的过程中，由于技术的先进性，有的教师大量堆积与学科知识联系不大的内容，甚至无限制地进行扩展，名曰"学科整合"，大量占用了学生完成学科知识的时间，影响了其学科知识的掌握，语文的美感、数理的严谨、政史的思辨等"学科的味道"荡然无存。课堂不应成为技术的"秀场"，技术应该为更好地体现"学科的味道"添油加醋。

4. 互动性

互动是课堂的本质特征，通过互动实现知识转化，包括师生的互动、生生的互动、生与媒体的互动等。在众多的互动当中，最重要的互动还是人际互动，也就是师生、生生的互动；即使是人机的互动，也是更好地创设人际互动的条件，从而实现思想碰撞思想、心灵碰撞心灵，产生想法，形成观点。但很多时候，教师更多地注重了人机的互动，传统的师生对话、讨论辩论甚至争得面红耳赤的场面越来越少，代之的是所谓的"即时反馈""大数据"等等，好像数字化的课堂只能用技术来体现，生怕别人看不到技术说自己的课堂不是数字化的课堂。

5. 生成性

课堂的本质是生成，通过内容提供、情境创设、方法指导等生成新的资源、新的观点、新的思想，这就是知识。课堂要让学生经历知识产生的过程，知识的理解、掌握才会更牢固。而生成性的资源是随教学过程产生的，大部分是通过课堂互动产生的，其动态的特点说明了生成性资源的非预制性，是不可提前准备的，这也说明这种生成性的资源正是教学活动的生长点。在现实中，很多教师通过预设的结构化资源给学生进行学习，通篇没有一个字的书写、标划，更没有对再生资源进行再利用。这些都是没有把握数字化教学也必须符合课堂本质的体现。

6. 适切性

技术是工具，也是方法和策略。课堂上技术不一定使用得越多越好，能在一个点上或在最需要突破的方面体现出价值就是好的技术应用。过多地使用技术，一是影响学生的思维发展，二是冲淡学科本质，学生该思考时用情境代替了，该动手时用虚拟代替了，该表达时用空间代替了……因此，技术使用的时机、频率都要把握好，"看到技术、体现学科、应用无痕"成为青岛弘德小学信息技术使用奉行的圭臬。

7. 开放性

平板电脑作为智能移动终端，连接的是丰富的外部世界。而在很多的"一对一"数字化课堂上，我们却看到老师和学生被严格限制在一个封闭的平台上，所有的内容都是预设和系统内设的；尽管在互动反馈等方面有一定的突破，但仍然可以看到传统课堂浓厚的痕迹。而互联网是一座取之不尽、用之不竭的知识宝库，利用互联网进行知识的搜索、分析、组合和利用是培养学生互联网思维的基本途径。例如，在学习掌握了周长的基本知识后，刘峰老师让孩子上网任意搜索并保存不同的物体的图片，并且在图片上画出物体不同面的轮廓线，理解一个物体有很多面，但不管哪个面都有自己的周长，从而使学生更进一步理解周长的概念。"一对一"数字化教学绝不仅仅是实现教学手段的智能化、教学内容的电子化、教学过程的网络化、教学结果的可检测等，更重要的是通过工具的利用，开辟出现代与传统并驾齐驱的学习新路径，培养学生的学习能力，建立起新的学习文化。

8. 灵活性

平板作为微型电脑，其便携性、移动性、获取资源的广泛性、课堂生成的即时性等是传统多媒体所不具备的。因此，在课堂上有很多的应用方式，如基于网络的搜索性学习、在线网络教学如学习网站等、利用教学APP辅助教学、利用课堂生成资源和再生资源组织教学、扫码学习如码书码课码卷等，还可以利用网络学习空间人人通平台、微信群等进行家校互通教学等。在合适的机会灵活运用这些应用方式会给我们的课堂带来不一样的效果和体验。

9. 融合性

信息技术与课堂教学的深度融合不仅包括人与技术的融合，传统媒介和现代媒介的融合，也包括各种信息技术媒介之间的融合。现在的课堂早已不再是某一种技术一统天下的局面了，在课堂上使用黑板、白板、平板、手机等等早已不是什么新奇事物了。如果不能适时适当地灵活运用，课堂教学必然被技术所绑架，技术反而成为干扰课堂教学的因素。理想的应用状态应该是教师无意识地使用这些技术，就像我们用一支笔、一块橡皮那样自然，让技术使用消失于无形，但前提是必须明确各种技术的核心价值和能够随心所欲地熟练操作。没有技术的熟练应用，就不会实现与课堂教学的深度融合。

10. 创新性

"一对一"数字化学习绝不仅仅是传统教学的优化，而是新的教学思想、教学流程再造的过程，是教学方式、学习方式变革的过程。时下热烈推动的翻转课堂、研究性学习、项目式学习等，都是这种教学思想和教学方式变革的具体实践。在这些实践探索中，都淡化了教师教的元素，以"学习者为中心"，学生为主体的元素日益彰显。这些都是在先进的技术和丰富的学习资源的支持下通过调动学习者的积极性来实现的。而在传统环境下，在资源不对称的情况下，这些新的学习方式是很难建立起来的。所以，观察一节"一对一"数字化环境的课堂，很大程度上要看这种课堂有没有创新性。

新技术进入课堂是时代发展的必然，我们不能强求教师在一夜之间实现教学质的变革，我们完全应该有足够开阔的胸怀等待教师的觉醒和适应，应该有足够包容的心态对待老师的探索和付出。毛竹扎根三年只为一朝挺拔。相信经过长期的浸润，"一对一"数字化的课堂定会绽放出熠熠的光彩。

附　录

附录一　以点带面提升教师信息素养

吕红军　王广凤

青岛弘德小学虽然是一所建校仅仅两年的新学校，但是该校秉持信息化带动现代化的发展理念，坚持以高补晚，以空间换时间，实现了跨越式发展，让人们看到了"互联网+"的巨大威力。两年来，学校先后有近30人次在省级以上新媒体新技术教学大赛中获奖，20余人次在省教科院、中央电教馆等举办的学术会议上出示现场课，1项成果荣获山东省教学成果奖，1人入选信息技术省级工作坊主持人；学校先后承办了"中国首届移动互联网教育研讨会暨基于移动互联网的教学创新专题培训会""山东省信息技术优化课堂教学研讨会"……成为青岛市教育信息化应用创新示范学校、青岛市网络学习空间人人通培训基地、山东省教育信息化试点学校等，在名校林立的岛城异军突起。

"教育就是一棵树摇动另一棵树，一朵云推动另一朵云。"是什么原因使原本在信息技术方面"纯白"一片的老师们在短期内涅槃重生？探访弘德小学信息化成功的奥秘，归根到底得益于他们以人为本、以点带面提升教师信息素养的战略的实施。

青岛弘德小学在信息技术推进过程中并没有采取强制的培训形式，而是对常用技术进行基本培训后提供充足而又适宜的环境与条件，让老师们自行尝试研究。个人根据自己的兴趣和需求自然而然地有自己偏向的技术形式和应用环境，并自然地将自己的成果和经验与周边的人们进行交流沟通，由此，以点带面的带动辐射形式顺理成章地产生。

一、教师层面的以点带面

学校在每个级部确立一名信息意识强、技术水平高、实践应用好的教师作为信息技术教学手段推广的带头人，他们是在整个教师团体内让教育教学信息技术手段变成"燎原之势"的星星之火。

目前1年级的刘峰老师是最早开始研究交互式电子白板资源库功能使用的老师。在她的课堂上，她的白板课件是名副其实的"白板"一片，没有太多的技术炫，而是像魔术师一样将资源库里的素材在合适的时候变出来，不需要其他炫丽繁杂的技术效果就能让课堂生动高效又充满欢声笑语。在她的带动下，一年级级部迅速地从追求难、繁、炫的效果层面转向白板课堂真正的"交互和生成"。

2年级的徐世生老师是学校IPAD"总司令"，他在所有教师心目中的代表形象就是手持IPAD从容淡定为各科老师"传经送宝"的画面。学校目前配置的近百部IPAD就像他手里带出来的兵，横扫千军；他负责调度指挥，更负责关键时刻的技术指导。初期几乎每一节IPAD课堂的背后都有徐老师忙碌的身影。

在这样一些"技术控"和"学科大拿"的周围，我们时时看到一帮小兄弟、小姐妹如饥似渴学习的身影。教师信息技术学习的热情，就在这样一个浓厚的氛围中弥漫开来。

二、技术层面的以点带面

目前，弘德小学课堂中所运用的软件类型非常丰富：以普罗米修斯白板课件为基础承载，结合4D书城、explain everything、乐教乐学、希沃授课助手、极域飞屏、一起作业网、作业盒子等软件应用进行课堂教学已成常态。但是，最初除了普罗米修斯交互式电子白板课件制作是学校层面进行推广应用之外，其他软件都是老师们自行学习尝试应用的。

有些教师对某种信息技术或者某种授课形式情有独钟，喜欢在该项技术中深入研究下去，并将自己的应用感受进行分享。于是，一位"师傅"可以自然而然地带动几名"学生"进行某一项软件的深入学习和应用，从而自然而然地产生以点带面的效果。

以徐世生老师为例。徐老师最为偏爱的应用软件是explain everything课件的制作和应用。他兴趣浓厚地将这一软件应用于他的课堂教学当中，视频、音频、现场录音以及应用该软件制作出来的师生互动小游戏，还有趣味性十足的知识检测。他的几节展示课之后，便拥有了一批对这个之前并不感兴趣的软件的学习者。与此相同，每一位教师根据自己兴趣对某一软件进行深入研究后，基本上都会有几位"志趣相投"的学习者，他们共同将这一软件吃透研究深，然后再向另一批志趣相投的小组传授他们所擅长的软件。

还有很多的教育教学新技术新手段被老师们推广开来，比如备受科学老师偏爱的一扫便知天下花草的"形色"，再如4D书城在年过半百的杨志建老师的一堂展示课后风靡全校。

就这样，由一个人带动一群人，由一项教学技术应用的学习带动多项教学技术应用的学习，以点带面的辐射效果得以充分体现。

三、班级层面的以点带面

以点带面的辐射带动模式不止体现在教师和技术应用层面，还体现在班级层面的带动上。

以IPAD使用为例，学校确定一两个班级为实验班，在开学之初，这两个班级就进行常态化的"一对一"教学模式的尝试，通过校内展示课等多种形式，其他班级的相关授课老师可以非常明显地看到IPAD课堂授课模式的亮点。这样，无须学校对IPAD课堂进行推广或者动员，自然而然地由一两个班级带动整个学校的iPad应用。

不只是实验班可以进行点面带动的辐射，其他班级的不同技术应用同样可以实现带动效果。以目前应用最为广泛的写字练字软件"胡一帆书法软件"为例，该软件的推行便是从一年级一班开始，以良好的效果带动整个级部甚至整个学校的书法练习的。学校甚至专门划定每天中午15分钟的时间进行基于"胡一帆书法软件"的书写练习。

另外，还有很多教育教学新技术新手段都是从某一个或者某几个班级渐渐带动整个级部或者学校进行大规模的应用的。例如，超星阅读应用因其丰富的阅读资源而被学校各班级迅速推广，甚至引起非常多家长的强烈兴趣。

与此相同，在学校常态化的听课过程中，各个班级的优质授课模式或者巧妙的信息技术应用都会给在场教师留下深刻印象。这样，也会在一定程度上带动相关信息技术教学手段和授课模式的推广。

四、学科层面的以点带面

同学科教师的教学技术应用总有重合或者类似，学校按照学科进行办公区域划分，从而方便同学科教师进行集中教研。以语文学科为例，最初的教学技术运用主要集中在白板课件的设计展示中，并且最初的展示也偏向于类似于PPT课件的白板课件。后期在学校引导下，教研组开始偏向于白板课件资源库的开发运用，将课文以及需要涉及的图片和视频分类整理，按照课文中的段落顺序进行排列放置于资源库中，根据课堂中学生的学习进度和顺序以及课堂生成对这些资源进行随机性调取，大大增强了课堂的活跃度和生成性。同学科教师之间只要有一位老师对某一信息化教学应用软件有了倾向性的探究，便会围绕这一个技术应用产生带动效果，促进整个教研组的应用。

同学科之间发生的点面带动作用同样可以发生在不同学科之间。比如，整体偏向于explain everything软件的英语教研组，在将该软件"传授"给语文教研组的同时，语文教研组也成功地将白板课件中资源库的规划运用"回馈"于他们。

在这种良好的交流氛围下，无论是信息技术软件的应用还是教学模式的创新，只要有一个课堂出来好的效果，就会带动一批教师和班级进行新的相关方面的研发尝试。某一位教师偶尔冒出来的点子，可能很快就会在一群人的帮助下进行深入性的研发和应用并取得相应的成果。

在信息技术整个推广的过程中，学校各种形式的展示课、汇报课、亮相课为老师们新技术的运用提供了展示的舞台。与此同时，各种形式的应用软件的技术培训也为老师们接受新技术新模式扫清了障碍。

首都师范大学王陆教授说："弘德小学探索的以点带面提升教师信息素养的实践案例，不仅抓住了教育信息化的根本——人这一关键因素，而且从策略上保证了教师参与的广泛性、时效性和教师潜能的最大化，我认为这样的案例是值得全国中小学在推进教育信息化2.0战略的过程中进行推广与借鉴的。"2017年5月山东教育电视台在"山东教育信息化.齐鲁行"栏目中也对学校信息化教学成果进行了专题报道。学校共接待来自全国各地的参观考察团60余个近2000人次。

"一所学校立校成功的标志是让所有走进校园的人们感受到他柔软而强大的文化力量。"而这种强大的力量从根本上还是来自人——一代一代的教师以及一批一批的学生。立校近两年的弘德小学正在努力地向着这个方向发展。徜徉在信息化的弘德小学，老师们快乐而自信的表情正是这种柔软而强大的文化力量的表达。

合抱之木，起于葱茏。众人合力，青岛弘德小学这艘信息化的航船才能大桨拍浪、乘风远行！

附录二　基于"乐教乐学"平台构建

"网络学习空间人人通"体系的实践与思考

吕红军　杜阳阳

摘要："网络学习空间人人通"是教育信息化"三通"建设的重要内容，是实现学习方式和教育模式创新的基础和必要条件。青岛弘德小学在现有良好硬件环境和软件环境的基础上，顺应"互联网+"时代特点，着眼于教育信息化2.0，着力从管理、资源、教学三个方面，构建起了以学生"学"为主的"网络学习空间人人通"体系，有效促进了教学变革，促进了学生学习能力的发展。

关键词：人人通　空间管理　资源建设　课堂模式

引　言

随着科学技术的突飞猛进，人类已经跨入"互联网+"时代。这是一个比以往任何时代都更让人激动、让人炫目的时代，跨界融合、协同创新、互动分享、尊重人性等成为这个时代的鲜明特征。对于教育而言，则意味着冲击、挑战、革命和重生。

《新媒体联盟地平线报告：2015基础教育版》中指出——BYOD（Bring Your Own Device自带设备）已经被全球范围内的学校所接纳。自带设备的移动性，改变了工作和学习活动的特点，使工作和学习可以随时随地发生。对学校而言，BYOD不仅仅指设备，还有用户下载到设备上的个性化内容。从世界范围看，BYOD正对以学生为中心的学习起到帮助作用。[1]"互联网+教育"注定将建立于BYOD的环境下，以实现让每一位学生都能够在"互联网+教育"中高效学习。

2015年5月23日，习近平主席在致国际教育信息化大会的贺信中指出："因应信息技术的发展，推动教育变革和创新，构建网络化、数字化、个性化、终身化的教育体系，建设'人人皆学、处处能学、时时可学'的学习型社会，培养大批创新人才，是人类共同面临的重大课题"[2]。"四化三学"的新教育势在必行，这与2012年9月5日刘延东副总理在全国教育信息化工作电视电话会议上提出的建设"三通两平台"（宽带网络校校通、优质资源班班通、网络学习空间人人通）的教育思路相吻合。[3]

2018年，教育部出台《教育信息化2.0行动计划》，提出"网络学习空间全覆盖"等八项行动，推动教育信息化转段升级。

但从面上来看，全国绝大多数地区"宽带网络校校通、优质资源班班通""两通"的目标已基本实现，但"网络学习空间人人通"建设却一直停留在理念和初建阶段，并未形成体系，也未能达到"优质资源服务和空间建设服务一体化"的要求。

青岛弘德小学经过多方考察和实践研讨以及不断改进，最终确定以北京世纪飞育软件有限责任公司开发的"乐教乐学"平台为基础，构建"网络学习空间人人通"体系，促进了新型教学方式、学习方式和管理方式的改变。

目前，全校所有学生、教师和家长100%地注册了"网络学习空间"，每天的登录数达到了10000余人次，平均每人7次。

2017年7月，在中央电教馆举办的"网络学习空间人人通深度应用研讨会"上，青岛弘德小学向与会人员分享了经验。

一、基础与条件

"网络学习空间人人通"是实现学习方式和教育模式创新的基础和必要条件。构建"网络学习空间人人通"新模式就是打通教育信息化的最后1千米。青岛弘德小学"网络学习空间人人通"体系建设是在现有良好的硬件环境和软件环境的基础上，特别是借助信息化人才引进的优势，顺应自媒体时代新形势，着力教育信息化高级应用的新探索。

1. 良好的终端环境

学校所有班级和专业教室全部配备电子白板或一体机，平均2名学生拥有1台电脑，有专用的平板教室供学生进行体验和探究式学习。智能移动终端的家庭拥有率更是达到了100%。

2. 全覆盖的网络环境

万兆骨干网进校园，所有空间无线网络全覆盖，做到时时处处能上网。

3. 较高的认知环境

全校教师都具备较高的信息化素养，能够熟练掌握多种教育技术手段，并合理运用于教育教学中。学生信息化素养的培养从入学的第一天开始，不同的年级都有相应的训练目标和内容。特别是通过引进以信息化见长的齐鲁名校长和专业人才，更是对教师起到了引领作用。建校两年多，已经有70余人次在省级以上新技术新媒体大赛获奖或出示现场公开课。

二、构想与目标

宏观上，在教育技术的发展和演变过程中，变革的都是教学空间，但新的学习科学指出"既要注重教，又要注重学"，教学空间依然偏向教。新的教育空间如何呈现学生信息的即时分享、如何优化信息的呈现方式、如何更符合学生的个性化需求，要解决"学"的更高阶段提出的要求就必须构建以学为主的"学习空间"。[4]

微观上，随着学校信息化教学的创新实践及教学活动的开展，各学科教学所借助的一些常用软件和网站与学生的重复操作之间的矛盾日益突出。学生每次开始学习前必须从查询相应网页、输入注册账号信息的操作重新起步，有时还需要下载安装不同客户端，有时由于输入错误就不得不反复多次，这些费时费力的重复劳动都严重阻碍着学生的学习进程。

青岛弘德小学"网络学习空间人人通"体系的构建，就是结合教育教学实际选择或开发出一套学生综合学习的平台，将学生常用的所有学习资源包括各种平台、网站、软件、课件、学件、资源等都集成到统一的学习空间里，就像安装完成的APP应用规则分布在手机中一样。"人人通"就是让每个学生都能拥有一把快捷方便的网络学习空间的钥匙。"人人通"将成为指向性学习资源的总开关，成为自主学习的网络货架，成为学习成果的储存地和展示地。

为实现"把网络学习空间建成网络条件下从事教学活动和教学管理的基本平台；建成一个实名制的、组织化的、可控可管的体系；建成教师们网上教学活动或教研活动的阵地；构建教学活动管理、组织和服务的基本体系"[5]的最终目标，学校把"网络学习空间人人通"体系的构建过程设定了"三层"目标。

1. 时间层

学校通过建立这样一个整合性平台，学生点击图标即可进入学习，省时省力，高效快捷。每个学生自主点击学习平台图标进入自己的学习界面，用哪一个应用就点击哪个，无须再浪费时间在电脑桌面上查找或网络搜索，从而大大节省学习时间，提高学习效率。

2. 空间层

借助学校云平台在线存储功能，"人人通"给每个学生都在学习平台上建立起"我的成长"档案，引导学生将自己的学习成果进行储存，并分设不同板块加以管理，如相册、视频、活动、成长、荣誉等。所有自己储存的资源，连同在各个模块的学习记录，一起构成了学生完整的个性化的电子档案。每一个学生都学会对自己的独立空间进行自我建设、自我管理、自我培养。

3. 应用层

根据不同的班级所持有的终端设备、操作系统的差异，"人人通"空间中分别制定个性化的智慧课堂系统，存储数字化资源，使教师和学生都可以通过平台获取信息、交流互动，并探索数字化学习环境下新的教学模式。

三、内容与过程

"网络学习空间人人通"不同于传统意义上的网络学习和交流平台，是基于一种结合了云计算、移动学习等多种新技术的新的系统架构和商业模式的组合，是架构在"校校通"和"班班通"的基础上，整合各种学习服务，使整个"三通两平台"在该体系下无缝衔接。[6] "人人通"建设的落脚点是要增强或改变学生的学习效果，最终指向学生个体的发展，因此学生个人学习空间的建设是推进"人人通"的关键与重心。[7]

1. 空间管理

成长需要积累，记录学习过程的同时也是在形成新的学习资源。"网络学习空间人人通"体系中为每个学生留有一片"学习自留地"，鼓励并帮助学生建立自己的空间，收藏整理自己的作品，描绘自己的个性生活。

（1）展示空间：云平台的互动性给每个学生做自己秀自己的机会。"书画朗诵""乐器演奏""旅行记忆""手工制作""生活点滴"……学生只要是想表达的都可以展示在这里，他们可以更自由地感受"互联网+"时代"开放、平等、协作、分享"的精神。互联网思维在潜移默化中成为学生的主导思维方式。

习作是小学阶段语文学习的重难点，识字量则是制约习作的重要因素。因此，在传统语文学习环境下，低年级习作一般要从一年级下学期才可以开始进行。但随着"网络学习空间人人通"体系的构建，在线习作模块的设置与实践打破了传统习作中识字量的限制。青岛弘德小学学生的"习作空间"从一年级拼音教学结束之后（新生入学两个月后）即可开始。学生有了拼音基础，就能够借助电脑的输入法用简单的语句表达自己的想法。这一过程将识字、阅读、习作三者有机结合起来，遵循学生的身心发展特点，逐步训练学生自我表达的能力。

（2）积累空间：在线"错题本"培养了学生自我纠错和积累运用的学习

习惯。对学习中遇到的问题、出现的错误，学生都会通过拍照上传的方式与同学和老师进行交流，共同发现问题、解决问题。"错题本"不再是教师要求学生必须去做的一项硬性作业，而成为学生自觉、自愿去完成的学习任务。教师可以在线掌握班级错题的整体情况，也可以从某一个学生的错题中了解其学习中存在的个别问题，这使教学有的放矢的同时，还能够实现课堂教学的资源再利用。

（3）创客空间：在整个小学阶段的学习和生活中，学生手中都会有大量作品，如幻灯片、动画制作、电脑绘画、网页、习作、活动留影、乐器演奏音频视频等。这些学习成果才是学生素养的体现，也是学生发展的积淀。

"网络学习空间人人通"体系将学习成果设置为单独的一个重要板块。无论是课堂学习中用搜集到的资料制作成的知识幻灯片，还是课外学习时用灵感凝结成的作品，学生的创客精神随处可见。例如，学习了小学语文三年级上册《秋天的雨》一课后，语文教师把创意统整进课堂中，引导学生用双手去创意生活、表达美。落叶在学生手中焕发出新的生命，秋天的精彩在亲身体验后格外珍贵。再如，为了让学生对"时间单位"有直观、形象的认知，明确理解时间单位之间的关系，数学教师带领学生动手设计"创意钟面"。学生在创客式的学习中体验理解知识，感受学习的乐趣，创意的过程和作品也都被学生收藏在自己的"人人通"空间中。

2. 资源建设

"网络学习空间人人通"体系着眼于创造一个从传统课堂延伸出来的网络教学环境，实现教学内容和形式的数字化。教师和学生既可以利用云平台上的数字资源，还能在云平台上开设网络课程，便于学生自主选择要学习的课程并进行自主学习，拓展了生生、师生之间学习与交流的渠道。这对开展研究性学习、个性化学习和培养学生综合素质等产生了重要的推动作用。[8]

（1）教学内容数字化。教师将备课、课件、评课、教后反思以及其他生成的资源，全部经过数字化加工，发布到"网络学习空间人人通"的云平台。

（2）课堂教学数字化。由校园网到云平台，由教师端到学生端，数字化教学环境不断优化，教育技术的应用逐步成为每位教师教学的常态。数字化的课堂，弱化了教的因素，推进了教学民主，增强了学生的自主学习能力。

（3）网络课程数字化。教师充分利用教育技术和网络资源，以"优化教材重组内容、统整项目开展活动、开设校本特色课程"的形式落实课程整合，开展定时或不定时的网上授课或网上互动，把课程变成了一个营养丰富又极具个性化的"套餐"。

3. 课堂模式

在青岛弘德小学的课堂上，无论是基于平板电脑"一对一"数字化教学模式，还是基于交互式白板（平板电脑）教师端的教学模式，"网络学习空间人人通"已渗入课前、课中、课后的每一个教学环节，教师与学生对信息化设备以及教学软件的使用已达到了很高的默契。

以学习平台为依托，青岛弘德小学逐步探索出数字化学习环境下两种新的教学模式，即基于班级授课制环境下的混合式学习方式和自主选择的O2O学习方式。

混合式学习方式是在教师引导下的任务驱动学习，通常以翻转课堂的形式出现。课前学生根据老师布置的任务，借助网络搜索、查阅微课、课件等，完成自学，课上通过同侪互助、小组合作、团队交互、教师点拨解疑等强化知识的理解，并通过传统的、现代的各种适合的形式完成知识的内化、应用、拓展和提升。这既培养了学生的自主学习能力，又提高了团队学习的效率。

混合式学习方式的基本流程为教师布置任务、发布测试—学生观看微课、完成自学、提交作业—云平台反馈学习数据—教师相机指导、发布巩固练习—学生完成巩固练习—云平台留档整理课堂生成资源。大数据下的自我检测是混合式学习方式的关键一环，然而正是"人人通"体系的"数据处理"和"资源存储"推动了翻转课堂的有序运转。

自主选择的O2O学习方式是一种线上和线下相结合的自主学习方式。学习的主动权完全掌握在学生自己手中。学生根据自己的学习需求，或学习新知，或巩固旧知，或自我补救，可以在任何时间、任何地点借助网络或与任何人进行学习和交流，学习的满意度也完全由自己把控。自主检测、二次学习、多次学习、多次过关是这种学习的重要特征，从而极大地培养了学生的自我管理能力、自主学习能力和解决问题的能力。

"人人通"体系的构建把教学空间无限延展。学生获取信息的空间不再局限在课堂，交流途径不再是单一与教师互动，而更多的是在与同学的合作、与网络的交互之中进行。云平台在线存储资源便于随时随地地搜索和访问，互动、交流、评价的多元化便于无处不在地表达和汲取，自主选择的O2O学习方式让学习自然发生。

两种学习方式有效地促进了教和学的变革，人人通学习平台为"互联网+"时代的教育创新提供了强有力的支撑。

四、成效与反思

"网络学习空间人人通"体系不仅通过网络和云平台将教师、学生、家长紧密联系起来，还将备课、上课、作业、拓展、交流等教育教学环节有机融合。"云"集中了分散在不同系统、不同的业务部门、不同的存储平台、不同格式的数据，实现了统一信息化管理，有效解决了资源的碎片化问题。学习不再是生硬地识记课本上已经过时或即将过时的内容，而是可以随心所欲地选择学科、选择方式、选择地点、选择讲师来获取有用的信息。

明代理学家、教育学家吴与弼在《与傅秉彝书》中有云："人不可以不闻道，而道亦未尝不可闻也。用一时之力则有一时之功，用一日之力则有一日之功。""网络学习空间人人通"体系的构建和应用是一个动态的过程。我们需要有开放的意识、创新的思维，不断接纳吸收运用最新的教育技术理念和手段来充实提升自己。我们还需要尝试面向区域和社会，与数字化公共服务相对接，将校园资源向家长、向社会开放，让"网络学习空间人人通"体系拥有更为广阔的未来！[9]

"网络学习空间人人通"体系的构建，真正实现了由教到学的转变，真正实现了学生学习的自我管理，真正培养了学生面向未来的能力。教学的方向、课堂的节奏都是由学生的学习情况来决定的，学生真正拥有主动权，教育教学也呈现出了层次性和阶段性。

这应该就是教育信息化带来教育公平的体现！学生因此获得了个性成长的乐趣，教师因此获得了教学相长的幸福，教育也因此向着新时代迈出更坚实的一步。

参考文献

［1］L·约翰逊，等.2015年地平线报告（基础教育版）：技术驱动教育变革［J］.人民教育，2015（17）.

［2］2015年5月23日习近平致国际教育信息化大会的贺信。［EB/OL］［2015-5-23］http：//news.xinhuanet.com/world/2015-05/23/c-1115383959.htm

［3］［5］2012年9月5日刘延东副总理在全国教育信息化工作电视电话会议上的讲话。［EB/OL］［2012-11-02］

http：//www.moe.edu.cn/publicfiles/business/htmlfiles/moe/s3342/201211/

xxgk-144240.html

[4] 许亚锋，陈卫东，李锦昌.论空间范式的变迁：从教学空间到学习空间 [J].电化教育研究，2015（11）：20-25.

[6] 张世明，徐和祥，钱冬明等.云架构模式下"网络学习空间人人通"体系探析 [J].华东师范大学学报（自然科学版），2014（2）30-39.

[7] 祝智庭，郁晓华，管珏琪，等.面向"人人通"的学生个人学习空间及其信息模型 [J].电化教育研究，2015（8）：1-9.

[8] 吕红军.我的信息化教育十年 [M]，北京：北京师范大学出版社，2015.

[9] 吕红军，李梅.智慧课堂创新教学的理性思考 [J].中小学信息技术教育，2015（2）：36-37.

附录三　基于平板电脑的课程数字化的研究
与实验研究报告（有删减）

序　言

21世纪是一个信息时代，传统的学习方式已不能满足培养学生完全而又个性的人的要求。同时，传统的学习方式存在很多弊端，很大程度上制约了学生的发展。在信息时代，铺天盖地的信息影响着人类的生活，也使得学习方式发生了变革。

为了促进教育事业科学发展，贯彻"优先发展教育，建设人力资源强国"的战略部署，我国制定的《国家中长期教育改革和发展规划纲要（2010—2020）》，指出：信息技术对教育发展具有革命性影响，必须予以高度重视，必须把教育信息化纳入国家信息化发展整体战略，加快教育信息化进程。

北门里小学自2005年确立以"信息化带动教育现代化"的发展战略以来，先后经历了几个大的发展阶段。一是率先将交互电子白板引入课堂，利用两年时间实现了教师人手一机，优化教师教学手段，提高课堂教学效率；二是成立了学生"人手一机"的电脑班，利用笔记本电脑、"Inter"架构本、平板电脑，在敏特英语、语文提前读写、"一对一"数字化教学模式等课题实验的引领下，大力推进学生学习方式的变革。通过这几个阶段的发展，目前，北门里小学已经在信息化教学，特别是"一对一"数字化教学方面走在了全市、全省乃至全国的前列。信息化给学校带来了无限的生机与活力。但是，随着教育信息化的发展，新的教育理念、教学内容、教学模式和教育管理机制的更新与实施受到当前信息化学习终端（如台式机、笔记本电脑等）的制约，主要表现在以下三个方面。

（1）普通的多媒体教室不能完全体现以学生为中心的教育理念。现在大多数多媒体教室的教学活动都是以教师通过课件控制着课堂进程，学生被动地参与学习。这种教学活动仅仅是形式上的信息化，而教育思想、教学方法、学习方法并没有本质变化。

（2）普通的多媒体教室在教学中受学习活动空间的限制，无法实现师生、生生之间的深度交流。普通的多媒体教室座位的排布是固定的，学习空间受到了限制，学生的学习相对独立，教师与学生之间的互动交流、学生之间的合作交流都会受到限制，课堂教学组织形式相对比较单一。

（3）普通的多媒体教室不利于教学组织结构的建立。普通的多媒体教室，教师的工作范围很大程度上局限于讲台周围，一节课只能通过不断点击鼠标或是白板笔，与学生进行交流，教师操作技术的时候很难走到学生中间。

而平板电脑的易携带性、移动性、即时性等特点，在很大程度上弥补了上述缺陷。

本研究依托山东省教育科学"十二五"规划课题（编号：2013JG031）"基于平板电脑的课程数字化的研究与实验"，旨在将国家课程与地方课程进行校本化、个性化的同时，充分利用平板电脑软件开发容易的特点，连同学校课程一起，进行数字化加工，形成适合我校教师教学和学生学习的电子教材。在此基础上，组织教师和学生在教和学的活动中充分应用，形成较为稳定的教学模式，推进教和学方式的变革，提升教师的教学理念和教学思想，提升教师专业素质，建立一支适合信息环境下的教师队伍，建设数字化课程体系，优化课堂教学结构，提升课堂教学效率，为促进信息化教育实践提供可供借鉴的依据。

摘要：本课题旨在将国家课程与地方课程进行校本化、个性化的同时，充分利用平板电脑软件开发容易的特点，连同学校课程一起，进行数字化加工，形成适合我校教师教学和学生学习的电子教材。在此基础上，组织教师和学生在教和学的活动中充分应用，形成较为稳定的教学模式，推进教和学方式的变革。本课题以行为主义理论、建构主义理论、情境认知理论为依据，通过研究，基于平板电脑的课程数字化体系建设逐步形成。教师创建了新型的教与学方式，逐渐形成稳定的教学模式，提高了课堂教学的有效性，建立起稳定的教与学的考评机制，为促进信息化教育实践提供可供借鉴的依据。

一、研究问题

（一）研究目的

1.探索解决制约教学改革的五大因素。

随着教学改革的不断深入和信息化建设的不断推进，各种现代化的多媒体工具的出现，教师在信息技术与课程整合上做出了一些研究与实验，但是研究过程中，我们发现仍有以下因素制约着课堂教学改革和课堂教学效率。

（1）课业负担过重，影响学生身心健康。

近年来，中小学开设的课程越来越丰富，随之而来的是中小学生的书包越来越膨胀。南开中学臧毅等同学的"关于中小学'超重书包'带来的社会及环境问题调查与思考"的调查报告显示，学生年级越高，书包越重。书本的数量和书包的平均重量随着学生年级的升高呈现出明显的增长趋势。调查报告显示，平均每位小学生每学期需要购买30本书，而每天装在书包里的大约18本。小学生的书包平均重量达4.46千克，中学生的更高。书包太重让学生身心受损，不仅加重了学生的心理负担，而且对学习效果也产生了一定的负面影响。

学生的课业负担过重，已成为不容忽视的事实！据调查显示，有近一半学生每天在教室上课的节数超过6节，56%的学生周末参加各种课外补习班，城市中参加课外补习的学生比例更是超过70%，致使部分学生学习状态出现问题："一是睡眠时间不足，缺乏运动，有62%的小学一年级学生能保证10个小时的睡眠，但随着年级的增长，这一比例快速下降；二是基本的学习习惯难以坚持，良好的学习习惯没有养成，学习效率不高；三是缺乏长期的、内在的学习动力，学习十分被动，缺乏活力；四是学习成绩不均衡，学习满意度有待提高。"①

（2）政府和家庭的经济负担重，影响教学改革。

每学期，政府及家庭必须购买学生的教材及纸、笔等，这是一笔不小的财政支出，而且大量的书、本等纸制品要消耗大量树木和其他资源。据调查，现在家庭教育投入在一个家庭中要占30%～40%。沉重的负担，迫使许多家长远赴他乡务工，对于学生的教育教学的关注逐渐降低，也不利于教学改革的发展。此外，"补课风"依旧越刮越猛。据统计，中国的学科培训市场每年达2000亿元，不仅学生的学习负担在不断加重，更给家庭带来很大经济负担。

（3）学生的学习质量不高。

①　学生的学习无法及时反馈，学习过程中学生的学习往往是通过课堂作业，或是教师观察学生上课的表现来了解学生的学习情况，但是35分钟一节课，仍有部分学生的表现得不到及时的反馈和了解。

---

① 李小伟.小学生学习时间过长［N］.中国教育报，2011-9-20（01）.

② 学生的学习动机不高，现在许多学生的学习目的是为了考取一个好的分数或是为家长而学、为教师而学，对于究竟"为什么学习""怎样去学习"从不去思考，因此主动学习的动机不强。

③ 信息检索渠道较少。很多学生信息获取的渠道仍然是通过报纸、书籍或是询问父母。随着信息技术的发展，各种手持移动设备如手机、平板电脑等，越来越多地受到人们的青睐，但是因各种因素的制约，作为小学生来说，信息检索渠道仍然较少。

以上三种因素都制约了学生的学习兴趣，学生的学习效率无法得到保证。

（4）面对现代教育技术，教师总是显得手忙脚乱，无法提高教学效率。

当现代教育技术进入课堂之后，很长一段时间我们看不到它对课堂教学质量的促进作用在哪里，老师们更多的是手忙脚乱和茫然无措，技术与课程很难融合在一起，更不用说有效促进课堂效率了。

（5）各种课程内容存在重复或是交叉，无法提升学生的综合素质。

目前，我们的课程分为国家课程、地方课程和学校课程，对比国家和地方课程，许多课程的内容存在重复与交叉。例如，国家课程三年级下册品德与社会课程中的《垃圾带来的烦恼》与地方课程三年级环境教育中的《餐桌上的剩菜》及《话说包装》存在知识重合，重合点为垃圾的种类、来源以及垃圾对环境和我们的生活带来的危害等。我们的统计显示，3～5年级的国家课程中的科学、品德与社会，与地方课程的环境教育、安全教育的交叉重复率达48%至61%。

新课程倡导在小学阶段以综合课为主，强调不同学科的相互整合，避免各自为战的分隔态势，提升学生的综合素质，为促进学生的终身发展打好基础。

为解决上述问题，我们决定借助信息化走课程整合的路子，将不够系统、不成体系的课程资源进行数字化的开发与整合，形成数字化课程资源。

2. 学校信息化发展的现状亟须提升。

我校自2005年确立"以信息化带动教育现代化"的发展战略以来，先后经历了几个大的发展阶段。一是率先将交互电子白板引入课堂，利用两年时间实现了教师人手一机，优化教师教学手段提高课堂教学效率；二是成立了学生"人手一机"的电脑班，利用笔记本电脑、"Inter"架构本、平板电脑在敏特英语、语文提前读写、"一对一"数字化教学模式等课题实验的引领下，大力推进学生学习方式的变革。通过这几个阶段的发展，目前我校已经在信息化教学，特别是"一对一"数字化教学方面走在了全市、全省乃至全国的前列。可以说，信息化给我校带来了无限的生机与活力。信息化使我校从一所名不见经传的普通小学，一跃成长为淄博地区信息化发展的窗口学校。但在发展的过程中、在教学实践中，我们发现：与教学相匹配的数字化资源很少，而目前在进行的课题实验，也只能解决学科教学中的局部问题，缺少对整个课程整体的数字化设计；课堂上往往采用传统和现代相结合的混合型教学，很难形成信息技术应用的常态。因而，开发适合本校实际的数字化课程资源成为推进数字化教学的当务之急。

3.平板电脑的出现，可以很好地实现课程数字化。

对于小学生来说，不管是台式电脑还是目前的笔记本电脑在操作性和应用方面，对于学生的动手能力和思维能力等方面都有很大程度的局限性，而平板电脑的出现在很大程度上能够解决这些问题，且平板电脑对于小学生的学习来说更有其独特之处。

（1）平板电脑使学生的学习无处不在。随着现在3G、4G时代的来临以及WLAN无线网覆盖面的扩大，平板电脑可以由学习者随身携带，处于移动状态中，学习过程可以随时随地发生，可以随时随地中断，学习过程具有间断性，平板电脑可以使学习无处不在，特别是可以延伸到家庭。

（2）平板电脑学生操作没有障碍，可以很好地激发学生的学习兴趣。平板电脑对于小学生来说，没有任何操作的障碍，它使用触摸屏，加上系统界面华丽，控制和设置相当简单和方便。各种软件的文字和图形在平板电脑显示清晰生动，平板电脑还可以手写输入，不但方便记录，还可以与书法、绘画等学习相结合，可以提高学生的主动学习和创作能力，这些都符合小学生的年龄特点。学生在学习过程中可以自己查找教学相关材料，全程参与到教学过程中，既减轻了教师的负担，又调动了学生的积极性，同时还能锻炼学生搜集、整理和使用信息的能力。

（3）平板电脑软件开发容易。平板电脑的软件开发容易，以IOS系统为例，它的特点之一就是开放性，与之对应的软件开发的新产品很多，特别是教育类软件很容易推广和利用，加上采用后台数据支持，具有丰富的学习资源。因此，对于数字资源和电子教材的开发与利用就非常容易。

（4）平板电脑可以给学生双肩减负。我们如果能把学生书包里的教材、作业、课内外读物、字典等学习材料全部数字化后整合在平板电脑中，形成数字化课程，学生的书包就可以实现彻底"瘦身"，学生可以减掉双肩的重负，从此可以轻装上学了。

（5）平板电脑带来课堂互动的变化。平板电脑可以创设一个生动有趣的教学情境，化无声为有声，化静为动，使学生进入一个喜闻乐见、生动活泼的学习氛围。它克服了传统教学中学生面向静态单板的课文和板书的缺陷。平板电脑代替了纸质课本，教师与学生通过互联网下载所需要的资料，同时共享，在课堂上能充分调动学生的积极性，提出问题并在网上找依据支持自己的观点，可以有效促进课堂教学效率的提升。

通过分析平板电脑的在教学中的优势所在，我们发现基于平板电脑的研究的数字化课程不仅仅是纸质书本的搬迁，而是可以遵循学生学习规律，利于组织学习活动、符合课程目标要求的数字化课程；其中，可以插入交互式图片、音频、视频、3D物件等多媒体内容，可以实现对学生视觉、听觉、触觉等感官的冲击和体验，让学生通过对平板电脑的操作，有效地实现数字化课程与学生之间的双向互动。平板电脑使用的便携性，可以实现由学习者随身携带，处于移动状态中，学习过程可以随时随地发生，让泛在式学习成为可能。

基于以上分析和考虑，我校确立了"基于平板电脑的课程数字化的研究与实验"，目的在于将国家课程与地方课程进行校本化、个性化的同时，充分利用平板电脑拥有大量的交互式教学资源、软件开发容易等特点，连同学校课程一起，进行数字化加工，形成适合我校教师教学和学生学习的数字化课程。在此基础上，组织教师和学生在教和学的活动中充分应用，形成较为稳定的教学模式，推进教和学方式的变革。

（二）研究的意义

（1）基于平板电脑的课程数字化的研究与使用，可以更好地实现个性化学习和移动学习。

平板电脑是一种更为方便的个人学习终端，可以由学习者随身携带，可以预装学习软件和学习管理系统的客户端供学生使用。课程数字化的开发与应用，可以使平板电脑成为很好的教具和学具，可供学生针对学习内容自由探索或是在教师的指导下学习。

学习者只要在无线网络覆盖下，可以随时处于移动状态中，学习过程可以随时随地发生；可以随时随地中断，学习过程具有间断性，也让移动学习变为现实。

（2）基于平板电脑的课程数字化的研究与应用，促进教学手段的多样化，教学模式的多元化。

　　随着新技术的不断涌现，我们的教育观、教育理念以及教学方式也必将随之改变。同时，我们还需要打造与之相适应的学习环境。只有构建与新技术特点相匹配的软硬件环境，真正意义上的数字化学习才有可能发生。

　　数字资源的开发与利用有效地促进了教育教学手段的多样化，教学模式的多元化。它强调学生的自主创新学习，让学生获得更大的学习空间和自由，培养学生的自主学习能力和创新思维能力；易于实现人与人之间的广泛交流和协作，支持人与人之间的智能性交互；易于实现学习环境的虚拟化，提供给学生更多的创造空间和实践的自由。

　　（3）基于平板电脑的课程数字化的研究与应用，能够有效推进全方位的"减负"。

　　首先，课程数字化能给学生的双肩减负。众所周知，书包已经成为中小学生不能承受的重负，如果能把学生书包里的教材、作业、课内外读物、字典等学习材料全部数字化，整合在一个轻便的移动终端中，学生的书包就实现了彻底"瘦身"，学生减掉了双肩的重负，从此可以轻装上学了。

　　例如，南京金陵中学的一个中美实验班项目为2012年9月份新招入学生配备了IPAD作为电子教材的阅读工具。该项目的负责人称：使用IPAD后，学生将不再购买昂贵的教材，也不需要每天背很重的书去学校，更关键的是学生可随时看到课本的更新内容以及各领域的教学资料。①

　　（4）基于平板电脑的课程数字化能让教师减少无效和低效劳动。

　　教师备课时需准备大量课外材料，这些材料都需要老师们一点一点搜集、整理、打印，然后发给学生；有些视频音频材料，也需要教师去找，找到后再剪辑制作使之适合教学需要。而课程数字化的研究与应用，让学生可以自己查找教学相关材料，全程参与到教学过程中，既减轻了教师的负担，又调动了学生的积极性，同时还能锻炼他们搜集、整理和使用信息的能力。

　　（5）基于平板电脑的课程数字化能让自然资源减负。

　　每学期，政府及家庭必须购买学生的教材及相应的资料：纸、笔等，这是一笔不小的财政开支，而且大量的书、本等纸制品要消耗大量树木和其他资源。课程数字化的推广、使用，可以减掉每年买书、本、纸、笔的一大笔"财负"，还能实现教材的循环使用，有利于环境保护。

---

　　① 龙虎网.学美网——金陵中学为学生配iPad当教材［EB/OL］.［2012-09-04］. http://news.longhoo.net/2012-03/27/content 8824013. htm.

（三）研究假设

本研究以建设基于平板电脑系统的小学全学科数字化课程资源体系和探索基于平板电脑的新型学习方式和教学模式为研究问题，对学校的教师应用传统教学与基于平板电脑的课程数字化的教学的班级，进行相关数据收集、综合分析以及数字课程开发资源的应用情况分析，得出传统教学和基于平板电脑的课程数字化教学的教师及班级的教学行为变化和班级综合素养水平的情况以及基于平板电脑的课程数字化体系，以此来探究平板电脑的新型学习方式和教学模式、新型学习方式和教学模式对教师教学行为的改进的影响以及如何促进学生学习，这也是此课题的研究重点。

（四）核心概念

课题的关键概念是课程数字化、基于平板电脑的课程数字化。

（1）"课程数字化"就是信息技术下开发和应用数字化教学资源、数字化学习资源、数字化的教学工具、学习工具等，学习者可以通过平板电脑的网络检索得到这些资源，并将其运用在学习过程中。利用数字化教学资源搭建的教学交流平台，可以改变传统以课本和黑板为主的授课模式，激发学生的学习兴趣，加强课程与学生主体的结合程度，提高课堂教学的质量和活泼性，改善基于传统资源学习中出现的问题，提高学习的效率；其突出优势表现在课程教学中的数字化教学资源建设的两种教学方式：一种是基于平板电脑的多媒体课件，另一种是网络课程。

（2）基于平板电脑的课程数字化：就是指利用平板电脑和网络将小学的国家课程、地方课程进行数字化、多媒体化和校本化处理，使之便于复制、传播、交流，使之可听、可看、可反复学习，使之带有我校教师的独特理解与解读，以丰富课程的内涵提升课程的吸引力，便于学生的自学与复习。

二、研究背景和文献综述

（一）课题提出的理论基础

1.建构主义的相关理论。

建构主义认为，学习过程是人的认知思维活动的主动建构的过程，是建构内在心理表征的过程，是人们通过原有的知识经验与外界环境进行交互活动以获取、建构新知识的过程。知识并不是通过教师传授从外界搬到学生记忆中，而是学生在一定的情境即社会文化背景下，借助其他辅助手段（包括教师和学习伙伴以及其他学习工具），利用必要的学习材料，通过意义建构的方式而获得的。学生在学习中要主动建构客观事物及其关系的表征，这种建构不是外界刺激的直接反应，而是通过已有的认知结构（包括原有知识经验和认知策略）对新信息进行主动加工而建构成的。这种学习更加强调学习的主动性、探究性、社会性、情境性、协作性。

在建构主义学习的框架内，教师鼓励学生自己发现原理。为了让学生从信息的被动接收者变为积极的知识建构者，我们必须给他们提供环境来参与学习活动，提供适当的工具来运用知识。移动设备给我们提供了独特的机遇，让学生进入真实的情境，使得具体情境下的信息传递成为可能；同时移动设备的计算与信息管理功能，可以作为认知工具来支持、指引和扩充学生思维过程或心智模式，促进知识内化与问题解决。所以在移动学习中如何利用移动技术促进学习和知识构建是十分重要的。

2. 情境认知的相关理论。

随着技术的进步，移动设备的情境感知（Context Sensitivity）能力将越来越强大，它将集成更多的传感器、探测器、采集器，通过这些电子化的微型感知设备，捕获用户、设备、场所、问题、应对策略方法等真实世界的信息，以及将我们所处生活环境中各种人类感官不能直接感受到的信息，采集到方寸之间的移动设备中，进入到数字化的虚拟世界中，经过计算、处理，变成我们人类学习、决策的参考的知识，在一定程度上连通虚拟世界和现实世界，通过虚拟世界的知识学习来增强人对现实的理解和驾驭能力。

情境认知理论对知识在学习过程中的特征与作用的传统观点提出了不同看法，不是把知识作为心理内部的表征，而是把知识视为个人和社会或物理情境之间联系的属性以及互动的产物。在情境学习理论看来，知识是基于社会情境的一种活动，而不是一个抽象具体的对象；知识是个体与环境交互过程中建构的一种交互状态，不是事实；知识是一种人类协调一系列行为，去适应动态变化发展的环境能力。①

维果茨基的社会建构主义是情境学习理论的关键思想。学习是学习者基于一定的社会文化情境，在与学习环境的互动中自我建构意义、共享和参与社会认知网络的过程，强调外部学习环境对学习的重要影响和作用。情境学习理论认为②，学习的本质是个体参与实践，与他人、环境等相互

---

① Brown JS，Collins A，& Duguid P.Situated cognition and the culture of learning［J］. Educational Researcher，1989，18（Jan–Feb）：32–42.

② Brown JS，Collins A，& Duguid P.Situated cognition and the culture of learning. Educational Researcher［J］.1989，18（Jan–Feb）：32–42.

作用的过程；是与群体之间的合作与互动的过程；是形成参与实践活动的能力、提高社会化水平的过程。知识和概念都只有通过社会化的运用才能得到充分地理解，通过运用不仅改变了使用者对世界的看法，同时又适应了其所处群体的特有的文化信念体系。个体参与实践活动、与环境相互作用是学习得以发生的根本机制。个体的心理活动与物理环境和社会环境是互动的、不可分割的。

学习的情境理论关注物理的和社会的场景与个体的交互作用，认为学习不可能脱离具体的情境而产生，情境是整个学习中的重要而有意义的组成部分；情境不同，所产生的学习也不同，学习受到具体的情境特征的影响。[①]情境学习认为在特定情境中获得的知识比所谓的一般知识更有力和更有用，要求知识在真实的环境下呈现。学习是个体参与实践共同体的过程，学习是与群体相互合作与互动的过程，而脱离个体生活的真实环境的学习是毫无意义的。个体与环境的相互作用是形成能力以及社会化的必经途径。学习是一个共同构成的过程，在该过程中所有参与者通过他们在世界中的活动和关系改变并被转化。学习不仅仅是个体对知识的获取，而是社会参与的一个过程，学习进行的场所对于学习过程有重要的影响。

3. 混合学习理论。

核心思想是强调教师的主导作用和学生主体地位的有机统一，最大限度地发挥教师和学生的积极性和创造性，充分发挥课程数字化学习的优势，根据不同的情境、不同问题和要求，采用不同的教学方式和信息技术进行教学，从而提高教学质量和教学效率。

（二）相关研究成果

1. 国外研究现状。

（1）美国家庭作业政策对我国的启示。

美国学校家庭作业政策一般包括以下四部分：家庭作业目的，教师、学生、家长的责任，家庭作业时间，对学生不交或迟交家庭作业的对策；有些还包括对家庭作业内容的具体要求，家庭作业帮助方式及内容的介绍等。

美国家庭作业政策对我国的启示，减轻学生的课业负担需要国家的政策的规范和引导；家庭作业要目的明确，责任分明；家庭作业应时间适当、内容多样。

---

① 姚梅林.从认知到情境：学习范式的变革［J］.教育研究，2003，（2）：8-12.

（2）平板电脑的出现，给原有数字化教育带来突破的契机。

对平板电脑用于教育教学持肯定态度的研究人员无不论述国内外关于平板电脑应用于教学的情况，他们认为国际上已经在不断推进和深化这方面的工作，提醒我们应该跟上国际步伐。

国外在这一领域着手较早，很多国家已经启动了智能终端进入教育系统的计划，在大学、中学、小学等学段都有所涉及。在美国，苹果公司于2011年7月开始在超过600个地区启动"一对一"项目，即教师和学生每人配备一部IPAD，并在上课时使用。奥巴马政府的目标是到2017年每位学生人手一本电子书。爱尔兰的中学已经用平板电脑取代传统课本。韩国也计划投资超20亿美元开发电子课本，到2015年取代纸质课本。另外，澳大利亚、韩国、日本、新加坡等国家都有越来越多的学校将IPAD作为一种新型教学辅助工具。

2. 国内研究现状。

近两年来，我国一些城市如北京、上海、成都、深圳等地，已经开展基于平板电脑用于课堂教学的实践。如2010年深圳南山实验麒麟小学尝试了IPAD上课，同时引起了社会的热议。自2010年底起，北京市西城区、东城区、海淀区、朝阳区、丰台区、大兴区等相继开展iPad及其他形态智能终端的教学应用尝试，并已经形成了常态化应用的学校，如丰师附小、人大附中西山学校等。2013年4月24日，北京中关村第一小学首次举行公开课，展示平板电脑在课堂的应用；2013年6月25日，湖北黄冈第一中学初中部初一年级2班不用书本，一人一台平板电脑进行课堂教学。当前，开展平板电脑应用的区域包括北京、上海、佛山、深圳、杭州、南京、潍坊、新疆昌吉等地，上海更是把"电子书包"项目写入了"十二五"规划。在高校研究团队中，出现了专业性的研究团队，如北京师范大学李玉顺博士实施的中国教育学会"十二五"规划课题"基于iPad的新型教学方法的实验研究"就是北京这一领域的应用推进研究课题，试图探究基于IPAD有效应用的新型教学方法和课堂教学模式。上海华东师范大学一直致力于以平板电脑为载体的电子课本和电子书包相关标准制定，并在《华东师大学报（自然科学版）》2012年3月第二期发表了《电子课本与电子书包技术标准体系框架的研究》一文，给出了一个技术标准体系的整体框架。

从文献研究结果可以看出，目前国内已有一些学者开始关注基于平板电脑的移动学习资源的设计和开发，也有一些学校已经尝试将IPAD及其他形态智能终端的应用于教学，而国外的一些专家则提出了一些平板电脑应用程序的设计理念和方法，对我们基于平板电脑的资源设计和应用提供了很多有价值的借鉴和参考。但是在研读中，我们发现仍然存在问题。

（1）研究缺乏系统性。已有的研究基本就是对平板电脑在教学中的应用进行比较笼统的阐述，或是对于在线学习模式的探究，很多研究都是在企业培训或是学习者自我学习的研究，取得的成果虽然对我们很有借鉴，但对于实施者来说缺乏系统的指导。

（2）研究成果较为单一。现有的研究都是对于教学应用的尝试，对于基于平板电脑的教学模式的探究或是新的教学方法的尝试，还没能形成比较完善的教学框架。

基于这一目的，我们提出了基于平板电脑的课程数字化的研究与实验，主要是借助数字化资源和数字化教学平台所呈现的教学方式与传统的黑板加粉笔的教学方式有很大的不同。学生通过操控数字设备能获得实实在在的主动性，通过生动活泼的内容激发其学习兴趣。通过网络空间组成的学习社区可以更好地面向全体学生，更加有效地关注到每一个学生个体，在提高班级教学效率的同时促进每一个个体的发展。其突出优势表现在课程教学中的数字化教学资源建设的两种教学方式：一种是多媒体课件，另一种是网络课程。这也是本研究重要的研究内容。

三、研究程序

（一）研究设计

1.研究目标。

（1）通过学校现有与即将开发应用的数字化课程资源进行教育教学，化繁难为直观，化抽象为具象，化理性为感性，激发学生学习兴趣。

（2）针对不同的学科特点和课程目标，结合使用适合不同学科的软件或网络资源，在教学应用中形成富有学科特点的稳定的教学模式。

（3）减轻教师、学生的负担，充分利用平板电脑提供的学习条件，提高学生的学习效率。

2.研究内容。

（1）基于平板电脑的数字化课程体系建设。

为满足学生信息化学习的需要，开发数字化课程资源，并以此为契机，帮助老师梳理、整合已有的课程资源，将传统教学资源转化为网络课程、资源库、作品集、题库、学生电子档案袋等数字化课程资源并上网。为避免资源停留在展示性阶段，要求资源建设和资源应用并重，强调教师在教学过程中积累和使用数字化课程资源，建设与应用相结合，促进课程教学以及课程资源的积累与管理，在教学过程中形成教师自己的教学资源、教学成果。提倡师生网上共建共享，发挥学生的主观能动性和积极性，学生的学习成果成为课程资源不可或缺的重要的组成部分和亮点。

数字化资源建设质量要求资源类型和媒体种类丰富多彩，多媒体呈现方式和内容组织结构设计合理，融技术性和艺术性为一体，结合信息技术、网络技术和多媒体形式注重资源的优化、整合和利用，提升资源水平和共享性。

建立基于平板电脑的课程数字化体系，主要包括基于平板电脑系统的教学软件的开发。开发教学软件主要包括电子教材开发和支持学习的服务。开发各学科的教学软件平台，并在全校范围内推广使用；建立适用于平板电脑的学习资源，以满足各学科的教学需要，特别是建立基于平板电脑的共享型的资源库，将优质教学资源向学生开放。研究和开发基于平板电脑的教学软件和网络课件，做好平板电脑的网络课程开发、数字化课程资源的云平台建设、课程数字化的应用和评价系统或平台、技术支持系统，包括技术团队的建设、技术指导机制的建立、技术更新机制的建立等。

（2）基于平板电脑的数字化课程应用研究。

教学过程实际上是一个以课程知识为媒介的教师与学生的互动过程。教师、学生、资源是教学过程的三要素，也是数字化教学资源的建设及应用过程中的三要素。数字化教学资源的建设及应用，使教师从传统教学中的主导角色变为教学信息资源的引导者、设计者、学生学习的促进者。在这种教学环境中，教师除了主要起到教学资源的组织、整合作用外，还要在教学中起到辅导、督促、观察学生的作用。教师的教学方式与学生的学习方式也随之而发生改变。教师教学中更注重知识获取能力和学习能力的培养。学生学习中更注重数字化学习的方式，即利用数字化学习平台和数字化教学资源，在教师与学生之间开展协商讨论、协作学习、探究知识、发现知识以及展示知识的学习方式。考试更加注重学习的过程、突出能力考核。只有教师、学生、资源三者在教学过程中构建一个相互配合、良性互动、协调发展的循环系统，才能真正实现数字化教学资源建设的目的。

基于平板电脑的课程数字化体系中要体现学习方式的多样性、学习资源的共享性、学习者与学习资源之间的互动性、学习资源的扩展性、学习资源的再生性的特点。

（3）基于平板电脑的教与学新模式的探索与研究。

依托丰富的数字化课程资源，学校教师以学生为主体，以学习活动为主线，开展各类混合式教学应用，深入探索基于平板电脑的教与学的新模式。根据不同课程属性和专业需求，将课程分门别类设立示范课程，设计学习活动序列，利用数字化课程资源开展多样性教学模式的改革尝试。

（4）基于平板电脑的教与学的考评机制的研究。

拓展第二课堂，改革考评机制。由于受课堂教学的时空限制，借助网络教学平台搭建数字化学习环境，拓展网络第二课堂，可以较好地辅助实践类课程的教学需求和开展。教师除了扮演课堂上的教师角色，还扮演虚拟学习空间的"虚拟导师"，密切了师生关系。另外，虚拟导师和网络平台的课程教学管理功能，也能帮助对学生进行有效的教学监控与过程性评价。改革以期末考试为主的终结性评价方式，更突出以学生为本，强调学习过程，弱化期末成绩，发展成为人性化、综合性、激励性的考评方式。

（二）研究对象

1年级四个平板电脑实验班的学生。

（三）研究方法

1. 文献法：关注国内外信息技术和课程改革的发展动态，特别是平板电脑、课程数字化的发展，充分利用中国知网和网络资源收集相关文献资料，提高教师的信息素养，提升教师的教育理念和学科素养。

2. 调查法：利用教师座谈等方法了解教师信息化水平，了解教师已有的各类学科教学数字资源的具体情况，以便对教师进行针对性地培训和对已有资源进行有效整合。

3. 实验法：选择本校同年级的不同班级，分别在教师应用传统教学与基于电子白板环境下、基于平板电脑的课程数字化的教学，进行教师、学生负担和学生学习成绩等相关数据的比较，从中得出规律性的东西。

4. 行动研究法：教师在教育教学实践中基于实际问题解决的需要，与课题组的其他成员合作，与专家们进行沟通交流，将在课题研究中遇到的研究问题进行系统的研究，最终达到问题解决，达到研究的目的。

（四）技术路线

1. 申报与准备阶段：

2013年9月—2013年10月

2013年9月　成立领导小组，确定课题组成员。

2013年9—10月 运用文献研究法，综述广泛收集关注国内外信息技术和课程改革的发展动态，特别是平板电脑、课程数字化以及移动学习的发展和趋势、研究动态及相关的研究成果，及时了解最新的信息和发展状况，作为本研究的研究问题和突破口。

2013年11月 完成数字平台和网络架构的搭建，同时完成各类现有数字化教学资源的系统化整理工作，构建起基于平板电脑实验的4个实验班，对于实验教师进行系统的技术培训，帮助教师树立新的教学理念和教学方法。

2. 实施阶段：2014年1月—2014年12月。

2014年1月—2014年3月 建立适用于平板电脑的学习资源，以满足各学科的教学需要，特别是建立基于平板电脑的共享型的资源库，将优质教学资源向学生开放。研究和开发基于平板电脑的教学软件和网络课件，做好平板电脑的网络课程开发。

2014年4月—2014年7月 对教师进行深入访谈了解教师已有的各类学科教学数字资源的具体情况，以便对教师的教学行为和对已有资源进行有效整合，并通过行动研究和实证研究探究基于平板电脑的教与学新模式，并在教学实践中逐步构建起适合语文、数学、音乐等多门学科的课堂教学模式。

2014年8月—2014年10月 通过实验研究所在学校同年级的不同班级，分别在教师应用传统教学与基于平板电脑的课程数字化的教学，进行相关数据的比较和分析，从中得出规律性应用平板电脑对教学行为以及学习效果的影响。

2014年11月—2015年1月 在目前基于平板电脑课程数字化体系的基础上，结合前一阶段的理论启示和实践需求，构建基于平板电脑的教与学的考评机制，并对该体系的具体内涵做详细解读。

3. 总结阶段2015年2月—2015年11月。

2015年2月—6月 撰写结题报告，准备结题工作。

2015年7月—11月 进行课题实验总结，申请对实验成果的验收。

具体的实施过程：

1. 组建实验班级，对教师和学生进行培训。

抓好实验班工作，抽取1年级（4）（5）（6）（7）四个班作为本次研究的实验班级，对这四个班级的教师和学生进行平板电脑的操作和使用的培训。

对于教师的培训，2014年1月份，利用寒假假期，实验班的11名教师和信息技术处的3名技术人员由博雅新创公司的技术人员进行了软件技术应用的培训。经过一个假期的摸索与指导，开学后所有实验教师都能利用IPAD进行课程数字化和数字资源的开发与应用了。

对于学生的培训，开学后的第一周，四个实验班的同学人手一台IPAD平板，由实验班的语文、数学、美术、音乐教师对他们进行平板电脑应用软件的操作与培训。

2. 完成了数字平台和网络架构的搭建，构建起了数字课堂。

学校技术处在博雅新创公司的配合下，利用假期时间完成了网络的架构与搭建，教室全部无线网络覆盖，并且逐步构建我校基于平板电脑的数字平台。

现在我校的实验班的课堂可以称之为数字课堂，是以信息技术为依托，通过教师的教学设计把教材、教法、学生、工具、技术、时间、过程等方面有机地融合在一起，组织科学的教学策略。在不打破班级授课制的条件下，以数字化的形式记录教师教学与学生学习的过程，对于教师教学任务的完成可以通过量化评价；而对于学生学习轨迹的记录可以通过数字化存储并及时给予反馈，以课堂实时检测结果为依据，教师可以针对教与学所表现出的生成性特点对课堂教学进行监控与调整。

3. 开发校本化数字教材，形成并逐步完善数字资源体系。

在数字资源的开发时，我们将整册教科书的知识点进行系统整理，开发相应的多媒体课件、动画、视频、图片素材、题库、数字教学工具等，这些实物资源的开发都是按照教科书的知识点进行的，每个知识点中都会至少有1～2个精选的多媒体课件或是题库、微课等，这些知识点按照教材的编排顺序依次排列。教师和学生在使用的过程中，可以通过检索相应的册数、章节、知识点很快找到所需的数字资源。

基于平板电脑的数字教材，除了综合运用文字、图片、视频、动画、3D等多媒体资源，更重要的是在教材的开发中设计和运用多种形式的交互，从而带来教师与学生交互的全新体验。现阶段，教师团队已研究并开发了1～2年级的语文、数学的全套数字教材。

基于平板电脑的数字资源的开发工具我校目前广泛应用的有五种：IPAD自带的软件开发工具、flash开发工具、微课制作工具、方正飞翔软件开发工具以及白板备课软件等，都能形成优质的数字资源。在应用时，我们注重对教师进行开发工具的使用前的培训。

（1）Ipad自带的软件开发工具：在电子书的制作阶段，我们主要利用了ibooks软件，通过插入视频、Keynote识字卡片、互动式课堂练习、图片集、隐藏弹出项等使电子书能"说"会"动"。利用Keynote软件制作的能让学生自由选择的识字学件。利用ibooks自带插件，电子书中添加了学生自测生字的生字练习。利用教学平台iteach进行检测反馈和指导巩固。

（2）方正飞翔软件开发工具：可以创建适合在iPad上阅读的电子书。电子书中可以包含丰富的富媒体效果，如音视频、全景图、图像序列、弹出内容和幻灯片等，读者还可以实现与数字出版物进行交互，如发表评论，发送微博或者参与投票等，并且方正飞翔软件可以实现资源的跨平台使用，教师制作的基于Windows下的资源和基于Ipad下的资源都可以调取使用。

（3）微课制作工具：开发微型视频课程主要以Flash Lite形式表现，这种微小的学习组块，便于通过学习设备轻易地获取、存储、开发并流通，类似于IP数据包，小而全，只凸现一至两个主要的知识点，但需要涵盖整个学习过程，包括学习导入、学习目标、学习教程、在线测验、学习反馈、学习总结、问题探讨等环节。

（4）交互电子白板的备课软件：教师可以使用交互电子白板的备课软件，将上课过程中所需要的多媒体课件的图片、视频、文字、音频等进行整理打包，然后存为一个资源包，可以将备课后的资源输出带走，教师和学生使用时打开交互电子白板应用程序导入资源包，就可以操作使用了。

（5）Flash软件开发工具：教师利用flash软件将课堂所需的情境制作成动画，将许多抽象的知识点变成形象直观的图形演示，以提高学生的学习兴趣。制作虚拟的实验操控场景，让学生亲身操作体验，经历知识形成的过程。制作交互性、游戏性强的练习题用来检测反馈。

4.教师创建新型的教与学方式，稳定的教学模式逐渐形成。

学校通过实践研究探索出了"基于IPAD个人终端的'一对一'数字化教学模式"。在这个模式中，教师是学习的引导者，学习变为以学生为中心，教师根据教学内容和学生年龄特点，设计制作电子书以及学生自主探究的小学件，以支持学生在课堂上个性化的探究学习，让学生在认知、重构、探究、提升的过程中体现个性化，从而达成教学目标。

四、研究发现与结论

（一）基于平板电脑的数字化课程体系建设逐步形成

基于平板电脑的数字化课程体系建设依托教育教学资源库，通过应用服务系统提供教育教学信息化服务，其中应用服务系统主要包括教学资源库系统、教学应用系统、互动课堂教学系统、空间交流系统四个子系统的建设与应用。

（二）教师创建新型的教与学方式，稳定的教学模式逐渐形成

语文、数学学科以研究主流教学模式为主要方式，根据新课程标准的要求，渗透学科思想，以优质教学设计为基础，结合自主开发适合课堂教学的数字教材形成稳定的教学模式，其他学科的实验方式则依赖于软件的开发和应用。

对于语文课堂上平板电脑的应用我们以"融入课堂、鼓励自主、注重生成、提高效率"为基本原则，最大限度地把学件和课件相结合形成电子书的形式在课堂上进行使用。

根据语文教学的基本流程，电子书可以分为教学目标、导入设计、认词、识字、课堂自测、课文赏析、推荐阅读等几个主要环节。在新课程标准中低年级识字写字被作为重点难点。我们在课堂上借助了教学平台和写字软件的开发使用，配合电子书，课堂学生自测生字掌握情况后，我们登陆教学平台发布测试发现学生学习的缺失并有的放矢地进行指导纠正和巩固练习。写字软件的应用发挥了学生的主观能动性，在直观接受知识的同时更有利于培养学生自主发现的能力。

电子书的制作阶段，我们主要还是利用了ibooks软件，通过插入视频、Keynote识字卡片、互动式课堂练习、图片集、隐藏弹出项等使电子书能"说"会"动"。课堂上学生有了更多动手、动脑的机会。学生可以通过自己听、读、写来获取信息，使语文课堂教学变得趣味十足，每一堂课都成为一次愉快的实践活动。

1. 识字教学环节，我们进行了三方面的设计和实践。

（1）利用Keynote软件制作的能让学生自由选择的识字学件。识字卡片不再是纸质的，"订"在书上的生字，而是被装进了能动的小学件里。学生通过自由选择来读读记记，无论同桌互查还是教师检查都能方便高效。

（2）利用ibooks自带插件，电子书中添加了学生自测生字的生字练习。学生完成自测练习后能自由查看正确答案，还可以选择重新完成或多次巩固练习，原本枯燥的习题可以像玩游戏似的用手指拖拖拽拽就轻松完成了。给生字注音或看拼音找生字，学生玩的过程中就能看出自己哪些熟练、哪些还需要牢记了。

（3）利用教学平台iteach进行检测反馈和指导巩固。当堂课学生字词的掌握情况能够通过iteach教学平台得到及时的反馈和巩固。一些难字、易错字都显而易见，马上就可以进行反复强调和训练。我们利用iteach登陆上课，教师发布试题，学生接受后独立完成试题并提交，软件上呈现提交学生数量和未提交的学生姓名，教师进行讲解并巩固，对于易错的题会再进行发布练习，

学生接受练习，完成提交并整理留档。

2. 写字教学。

写字环节，利用了平板电脑中的写字软件来实现学生自主识字写字的目的。软件中自带了读音、组词、笔顺、评分等功能，这对学生自学生字笔顺、观察生字占格有很好的指导作用，并能养成学生自主识字写字的习惯。软件补充的词语积累了学生的词汇量，拓展了识字，并通过从词到字让学生加深对字的记忆。学生通过软件观察字形以及占格，根据自己的认知水平和学习习惯自由播放笔画视频，学会了再模仿书写。我们只是转换了字帖的形式，基本上还是为了让孩子们学会写字、学会观察。教师课上适时利用平板电脑的拍照和录像功能，对学生的书写过程进行记录。教师及时反馈和讲评，再进行书写练习，达到规范写字的目的。

3. 课文阅读教学。

课文讲解环节，学生可以在电子书中用不同颜色的批注笔进行随意批注，并能永久保存，记录下思考过程。用ibooks软件的弹出项插入拓展的小资料，给学生补充大量的课外资料，拓展学生的知识面。例如"棉花姑娘"中出现了蚜虫，可以通过弹出项插入图片和文字，让学生对蚜虫有更深入的了解。课文讲解朗读中，根据课文的需要，通过ibooks软件插入画廊，给学生创设情境，指导朗读。例如"四个太阳"中"我画了个金黄的太阳，送给秋天。果园里，果子熟了"，为了让学生体会秋天是个丰收的季节，果园里果子熟了给学生带来的美好心情，利用画廊插入秋天水果的图片，通过创设情境指导学生朗读。

4. 拓宽课外阅读。

课外阅读环节，电子书中可以给学生补充大量的课外阅读资料。有的放矢的教学，为学生节约了更多的时间用来从老师补充的大量阅读资料中随意选取自己感兴趣的内容进行语言文字的积累。有时，根据学习的进度，课堂上还能随机安排阅读指导和交流机会。例如"一去二三里"中，利用ibooks软件以及Keynote给学生补充了大量的有关于数字的儿歌、古诗，"飞雪""数字诗""数字儿歌"，让学生学完"一去二三里"后，自己选择一首喜欢的儿歌或唐诗展示给同学们，这使语文课更充实、让阅读更常态。

5. 课后作业环节。

信息化互动平台的建设和网络的开放性不仅用于课上，课下的练习和作业也变得极富趣味性，学生随时随地能把自己的作品传给老师并得到个性化评价。例如：教师要求学生背诵的课文，学生可以利用平板电脑把录音传给老师，教师根据学生上交情况给出相应的评价。这样，既能提高学生的学习兴趣，又能提高教师检查作业的效率。

下面重点介绍基于iPad的小学语文、小学数学课堂基本流程。

基于IPad的小学语文课堂基本流程以"指导自学—全班交流—研读提升（师生合作，对语文学习内容的重点、难点、学生的兴趣点、疑点进行研读提升）—拓展延伸—评价反馈"为主，教师可根据具体教学内容灵活选择取舍。

1. 指导自学。学生按照教师设计好的自主学习单进行课前自主学习。自主学习单的设计要符合课标要求和学生实际。阅读教学一般包括课文阅读、认写字词、理解内容、搜集资料等，可根据年级的不同，对学生提出不同的要求。其他语文学习内容，可根据学习需要设计相应的自主学习单。学生在教师提供的自主学习单的基础上，借助信息资源进行课前的先期自主学习。自主学习单还要注意开放，给学生留出自主提出问题的空间。

2. 全班交流。按照自主学习单的内容在信息环境下组织全班交流，检查并了解学生的自学情况，确定重点研读的内容，实现以学定教。

3. 研读提升。根据学生自学中感到困惑的问题进行梳理归纳，构建深入学习的话题，引导学生走进语文学习。在阅读教学中，教师要引领学生反复品读文本，借助评价语等对学生的见解、思维进行相应点拨提升；教师要借助丰富的网络学习资源和信息化交互性特点，帮助学生深入理解文本，掌握语言规律，学习并运用语言文字，实现工具性与人文性的统一。

4. 拓展延伸。根据教学内容，进行适度拓展学习。运用信息资源，或进行课堂小练笔或阅读与文本内容、体裁等相关的文章，或欣赏学生习作，让学生在语文实践中，不断提高其语文素养。

5. 评价反馈。在信息化环境下，进行当堂巩固练习，师生共同反馈评价。

基于IPAD的小学数学课堂基本流程：通过插入微课、数学实验室小学件、互动式课堂练习等使数字资源能"写"会"算"。课堂上学生们有了更多动手、动脑的机会，学生可以通过自己动手操作，同伴交流来获取信息，数学课堂变得"数"味十足，让每一堂课都能擦出智慧的火花。

下面简单介绍一节数学课的教学流程。

1. 回顾微课、知识重建。

课前教师根据新授的知识内容提前录制微课，发布在QQ群、教学平台上，学生在家或课前独立学习。课上教师引领学生快速地回顾微课，重新构建知识，加深对知识的认识；通过与学生的对话，了解学情，调整教学方向。

2. 合作交流、归纳总结。

在这个环节，先让学生以小组为单位交流学到的知识，让每个成员都参与学习的过程，主动交流自己的看法。教师可利用交互式电子白板等工具总结展示学习成果。教师给学生提供丰富的探究素材，如数学实验室、小黑板软件等；学生可以选择合适的工具进行有效的探究学习。

3. 联系生活、拓展提升。

《数学课程标准》要求"要重视从学生的生活经验和已有知识中学习数学和理解数学，要学生学习有用的活生生的数学，使他们体会到数学就在身边"，而且要求"数学教学必须从学生熟悉的生活情景和感兴趣的事物出发，为他们提供观察和操作的机会"。因此，数学教学不应该只是一些刻板的知识的传授，而应该遵循源于生活、寓于生活、用于生活的理念。我们要通过数学教学活动，实现数学的应用价值，让学生感受到生活与数学密不可分、数学知识源于生活而最终服务于生活。例如，在《认识图形》一课，在知道了每种图形的特点后，让学生找找身边的图形，学生利用IPAD照相功能及时捕捉身边的数学，生成新的教学资源。

4. 多层训练、拓展应用。

练习是学习者对学习任务的重复接触或重复反应。为使练习对学生的学习真正起到巩固、发展、深化和激励作用，通过练习使学生有所获、有所悟并体验到成功和欢欣，练习的设计就必须遵循学生的认知规律，由浅入深，循序渐进，使练习具有层次性。例如，在学习《表格列举法》时，设计了三个练习题由易到难。为了使练习更加高效，使用平台发题测试，通过及时的数据反馈，了解学生的掌握情况，进行有针对性的讲解。

5. 作业信息化。

信息化平台的建设和教师开发的学件不仅用于课上的学习，还可以延伸到课外，让学生的学习发生在任何角落。课下学生可以根据自己的情况进行个性化学习。教师可以利用一起学习乐园给学生布置网上作业，学生完成后提交，平台自动生成反馈，学生可以根据反馈情况进行有针对性的练习巩固。

现阶段其他学科的教学模式研究还处于初步探索实践时期。例如，美术学科实验的主要软件是Drawing Box、音乐学科使用的是Garageband中的乐器演奏。信息技术学科不再局限于一种或几种软件的教学，而在于辅助其他学科解决操作问题的同时再为学生开发指导更具个性化的软件使用，如现在在进行的动画制作软件ScratchJR就获得了学生的喜爱。

（三）利用平板电脑有效提高课堂教学的实效性

在信息爆炸的时代，知识也以指数曲线趋势膨胀。在35分钟的课堂里，只学一篇课文、只做几道练习是远远不够的，因此切实提高课堂教学的实效性，让学生在有限的35分钟内能够收获更多的知识、获得无限的发展，才是当今智慧课堂的一种追求。平板电脑进入课堂，仿佛为课堂实效性的提高注入了活力，使高密度、高质量的课堂有了呈现的可能。

表1 常规学习环境和基于交互白板、基于平板电脑学习环境中学生数学学习状况比较（平均值）

授课班级	学习环境	课前学习		课中互动（35分钟）				课后跟踪补救	
				师生互动演练讲解		学生总结分享学习过程			
		学生人数	所占比例	时间	所占比例	时间	所占比例	学生人数	所占比例
对比班（35人）	传统学习环境	30	86%	8分钟	23%	9分钟	25.7%	15人	42.9%
对比班（35人）	交互白板环境	30	86%	12分钟	34.2%	13分钟	37.1%	12人	34.3%
实验班（35人）	平板电脑环境	30	86%	15分钟	42.9%	16分钟	45.7%	8人	22.9%

对三年级三个班的实验研究证明（表1）的统计表明，基于平板电脑环境下的学习，教师与学生之间的互动增加，学生自主获取知识、分享知识的能力和水平得到逐步提升，课后需要跟踪补救的学生少，许多学生可以通过微课学习或与其他同伴的互助学习学到更多的知识。

1. 电子书的使用丰厚了课堂知识的容量，增加了学习的深度。

教材是知识的载体，是教师进行课堂教学的依据。《语文课程标准》教学建议的第一条中就明确提出："教师应认真钻研教材，正确理解，把握教材内容，创造性地使用教材；积极开发、合理利用课程资源，灵活运用多种教学策略和现代教育技术，努力探索网络环境下的新的教学方式；精心设计和组织教学活动，重视启发式、讨论式教学，启迪学生智慧，提高语文教学质量。"[①]在使用平板电脑的语文课堂教学中，教师可以利用iBooks软件将教材

---

① 陈尚达.语文综合实践学习与学生主体性发展［N］.安徽教育学院学报.2004，22（2）：128-130.

进行重新设计和组合。可以说，电子教材为教师创造性地研究和使用教材提供了平台。

比如，李梅老师在教学"桥"这一单元时，教师把单元主题发给学生，学生则从桥的起源、历史、与桥有关的故事、代表性的桥、未来的桥等方面，借助教师提供的资料、网站、平台或其他途径，进行独立自主地学习。由于探究的内容是开放的，所以学生探究的领域也是多种多样的，很多学生还根据想象画出心目中未来桥的样子。在课堂上，学生做得最多的是交流展示和对自己学习报告的完善。

在数字化的课堂中，教师可以基于教材适当补充资料，让学生进行课内拓展阅读，在丰富文本的同时锻炼学生的阅读能力，从而真正提高学生的语文素养。比如，语文《为中华之崛起而读书》一课，教师在引导学生理解"中华不振"时，因当时的历史距离学生的生活较远，学生理解比较困难，教师除补充了清朝政府与各国签订的各种丧权辱国的不平等条约，还给学生播放了"百年中国——八国联军侵华"的视频帮助学生理解，使学生对于文本内容有了更加清晰地认识和理解。

一本本精美的电子书，提高了学生的阅读兴趣；丰富的图片和视频资源，使学生对学习内容的理解更加深入。课内的拓展阅读和及时反馈的练习，在拓宽学生视野的同时，对学生学习能力的锻炼与提高起到了作用，真正为有限的课堂提供了更多、更丰富的学习资源。

2. 基于平板电脑的数字化课堂的大数据应用，及时调控教学策略，提高课堂实效。

传统的课堂中，教材是教材，练习是练习。在数字化课堂中，教师可以将学与练进行有机的结合。通过软件设计交互式的练习，实现对知识目标达成情况的即时反馈，以便教师及时、全面地了解学生的学习情况，有效调整教学策略。

例如，樊婷婷老师在讲授《月份的初步认识》一课时，授课开始樊老师并没有长篇大论抽象地讲概念，而是用图表的形式展示了孩子们对这一知识点完成预习测试后的分析。数据中心给出的统计十分详细，有每个学生做题的用时、完成数量、对题数、错题数、成绩等，也有整个班级的成绩分布、每道题的正确率。樊老师调出按照出错率排序后的题目表，分层次给学生进行重点分析和讲解；学生也参与其中，在讨论研究的过程里发现自己错题的原因。整节数学课，数据的分析和呈现贯穿着每一个教学环节，教师一直以此为依据调整自己的教学进度及教学内容。如樊老师所说，以数据来支持决策和教学分析，的确能够使教育教学更加科学、准确、高效。强大的数据处理让"翻转课堂"不再只是一个理论而成为现实。

3. 多种软件的组合使用搭建了自主探究的平台，提高了学生学习的能力。

瑞士心理学家皮亚杰认为：儿童学习最根本的途径是活动，互动是联系主客体的桥梁，是认识发展的直接源泉，所以教师根据学生的特点，舍得放手让学生动手、动脑、动口、动心，让他们进行自主合作探究的活动。

例如，沈红瑞老师教学《表格列举法》一课，在学生自主展示自己如何来解决自己的问题时，就是让学生利用平板电脑自带的"小黑板软件"和教师自制的"数学实验室软件"自主探究解决问题的。

4. 常用电子教具和数字化教材有效整合，促进信息技术与课程的深度融合。

我们将教师以前教学过程中使用的数字资源如多媒体课件、学生学件、视频、音频等进行汇总，分门别类地按照学科的知识结构体系进行整理。整理好教师现有的数字课程资源后，我们又着力构建"云平台"，建立起基于windows系统下的吉泰教育云平台和Ipad平台两大平台建设，将数字资源从不同的业务系统、不同的存储平台、不同格式的状态集中到一个统一的共享平台数据库中。所有的教育数字资源均以"云"的形式发布在云服务端，学生和教师只要通过终端设备就可以访问任何教育数字资源共享"云"，从而进入教育数字资源共享模式的服务平台。

例如，语文老师安丽霞准备讲新课《画》了，回顾完备课后她登录了学校教育云平台并下载了一个名为"画"的微课。她认真观看微课，并在平台上给1年级5班的学生布置当天需要完成的小测试。有了云平台，不仅能够随时随地从数据库中下载教学需要的资料来丰富备课，还可以利用平台给班里的学生布置练习、查看他们的做题情况。教育教学中，只要想用，平台里的资源应有尽有。

（四）利用平板电脑可以实现多学科、多形式的融合

随着新课程从单一学科知识的学习向学生综合能力和整体素质培养的转变，旧的教学模式需要改变，推行以课程整合为基本理念、以优化学科知识的学习过程为目标的新型教学模式，让学科整合落实在课堂中。[①]通过各学科

---

① 陈雷.谈现代教育技术与中小学课程整合［J］,时代教育：教育教学刊，2009
（008）：194-194.

内容相互贯通，使学生的思维和想象力、审美情趣和艺术感受、协作和创新精神等综合素质得到发展。[①]平板电脑强大的软件开发功能，涉及数学、语文、英语、美术、音乐等多种学科的内容，为教师在教学活动中进行学科整合提供了便利。

例如，杜阳阳老师在执教的《纵情世界杯》一课时，综合运用了数字化学习设备和教学资源，把互动、自主等特性带到课内外的教学，围绕"世界杯"主题打破了语文、数学、英语的学科界限，把学科知识和能力拓展融合到一起，给学生广阔的空间发挥想象力、创造力；充分利用平板电脑电子书中的3D球体图形对球体产生直观印象，再运用平板电脑的信息资源易得性特点把对球体的认识通过拍照方式迁移到生活中。在"把你想对世界杯表达的，用自己喜欢的方式展示出来"这一环节时，学生利用平板电脑完成音乐弹奏、PPT制作、博客发表、敏特英语学习等，还自由地选择3D设计、数位板绘画等。学生的创作不仅不受思维限制，更不受媒体限制，完全自由发挥、自主创作、展现自我。

（五）构建基于平板电脑的教与学的考评机制

为使小学语文、数学课堂更加开放、更富有生机和现代气息，使学生能够更顺利地采用自主、合作、探究的学习方式进行学习，更有效地促进学生的个性成长和学习素养的提高，使课堂更加高效，我们制定出基于平板电脑的教与学的考评机制，从教学理念、教学目标、教学内容、教学方法、教学效果等方面进行评价和指导。

综上所述，本课题的研究结论归结为"五个减轻，五个提高"，具体阐述如下。

（一）减轻了学生负担，提高了学习效率

数字化设备成为解决小学生课业负担过重的有力手段。学生把沉重的书包放下了，课业的负担也放下了。

教师教学方式变得更加灵活，学生则可以利用终端、网络、软件资源等开展自主、合作、探究、问题解决式、项目学习式等多种方式的学习；网络及资源有效助力学生自主学习，课堂教学内容可以多层次，学生自主性、个性化彰显，学习兴趣和积极性高涨；学生在操作设备的过程中多感官并用，立体化接受知识，难度降低，易于理解，便于巩固；海量信息拓宽了学生知

---

① 郅庭瑾.为思维而教［J］.教育研究.2007，28（10）：44–48.

识面，培养了学生的鉴别能力；学生利用信息技术主动学习、自主学习、分析解决问题的能力以及想象力、创造力、动手能力更强了。学习资源的多样性、共享性使得教学主体不断变化，真正实现了教学相长，学生的学习压力已变成了探索的动力。

（二）减轻了教师的教学负担，提高了教学效率

传统课堂中学习效率不高、学习兴趣不浓、学习进度不快等成为影响教育发展的突出问题。究其原因，其主要的是教师的教学目标经常与学生的学习需求无法达到统一造成的。

课程数字化的教学研究与实践突破了这一难题。数据的分析和呈现贯穿教学始终，教师可以以此为依据调整自己的教学进度及教学内容，在课堂上迅速地对学生进行评价分析，并快速找到解决方案帮助学生进一步巩固学习，这得益于学校教育云平台下的大数据分析。教师在课前掌握了这些数据，课堂上就能游刃有余、有的放矢了。以数据来支持决策和教学分析，使教育教学更加科学、准确、高效。

数据处理提高了教师的教学效率，网络为教师和学生开阔了信息获取的渠道，教师教育教学的负担因学生的自主学习而不断减轻。

（三）减轻了家庭的辅导负担，提高了家教水平

孩子的教育问题是一个家庭的头等大事。家庭的教育理念和教育水平直接影响着孩子的未来。家长在重视孩子教育的同时，大都对自己的教育能力表示力不从心。

随着云技术的实现，原来以教室和学校为标志的狭小空间被打破，有形无形的"围墙"被推倒。云技术有效覆盖了教师、学生学习和生活的各个方面，填补了以往教师、家长、学生联系和交往的空白。学习再也不仅仅发生在有限的时间和空间内，移动学习、泛在学习、终身学习将不可避免地成为现实。

游戏教学、线上活动、线下交流、家校互动……无处不在的学习和无微不至的关爱影响着学生思维方式和生活方式，家长们不用再为孩子的教育问题担心了。

（四）减轻了学校的教育负担，提高了课程实施水平

新课程倡导在小学阶段以综合课为主，强调不同学科的相互整合，避免各自为战的分隔态势，为提升学生的综合素质、促进学生的终身发展打好基础，因此我们在数字资源开发时，就将不够系统、不成体系的课程资源进行

数字化的开发与整合，形成数字化课程资源。

我校在数字资源的开发时，力争将国家课程与地方课程进行校本化、个性化的同时，充分利用平板电脑大量的交互式教学资源，软件开发容易等特点，连同学校课程一起，进行数字化加工，形成适合我校教师教学和学生学习的数字化课程。

（五）减轻了政府的经济负担，提高了资源利用率

教育教学中，无论教材教辅还是教具学具都消耗着政府的大额财政支出，消耗着大量社会和自然资源。由纸质媒体向数字媒体的转变，能够减少能源消耗，实现社会绿色发展。

五、分析和讨论

课题虽然取得了一定阶段性成果，但我们也因此有了新的思考。

（一）加强教学应用实践和环境架构

平板电脑的确能给教育教学带来巨大的变革，但是怎么变革、如何实现才能真正解决当下教育所面临的问题、怎样实现教与学的创新、怎样从时代意义上理解智能终端泛在环境对现有教学系统的变革作用，这些都需要通过多角度、多层次的教学应用，在不同学段、不同课程、课堂内外、学校内外等开展广泛的应用实践活动，并进行积极的环境架构。

（二）以数字技术为媒介，实施课程统整，提高课程实施水平

课程统整的核心是打破学科内容之间以及学科与学科之间的边界，为学生构建一个开放的课程体系，在实践中教师为学生设置相关的学习活动，在开放的学习中让学习联结生活，学生面向未来的综合素养在统整学习中很自然地得以培养。

（三）加强其他学科课程数字化研究，构建稳定的教学模式

对于其他学科的研究，借鉴语文、数学的教学模式，根据学科特点选择适合的数字化资源，有效地开展课程数字化的研究，构建稳定的全科教学模式。

此外，平板电脑教育教学应用对学习者身心健康、平板电脑教育教学应用的可持续发展模式、学习者使用平板电脑的交互方式等都是需要持续深入研究的课题。

六、建议

（一）加强数字资源的建设

平板电脑用于教学需要系统化地、适用于课堂教学地、有针对性地对课程进行开发，形成电子课本，而不是碎片化地、简单地把网上搜集起来的

文字、图片、视频整合起来的课件；否则，这样的方式对教学难以有实质性的改变，只不过是很简单的工具应用而已。因此，专业的课程资源亟须从理论上和实践上去实现，仅仅依靠我们教师的开发是远远不够的，这也会增加教师的负担。为此，亟须更多的出版社或是数字部门研发一些系统的数字教材，真正为教师减负。

（二）开展以活动为基础的平板电脑课堂教学应用模式研究

如何实现平板电脑有效教学应用，需要具有可操作性的模式和方法，而不应仅仅停留在功能或工具层面的介绍。要真正把平板教学引入课堂，就必须有一套适用于平板电脑教学应用的新型教学模式和教学方法。平板电脑教学不仅仅是工具的变化，更需要有新型教学法的支撑，否则它依然是难以深入影响教与学的新型工具而已。平板电脑教学应用的核心不是平板电脑本身，而是由它的功能衍射出来便捷性的、可操作的应用模式和应用方法。在这方面，除了自主开展一些研究外，要积极参加各级组织的交流研讨活动，以便启发、借鉴。

总之，课题只是一个抓手，通过课题的开展我们已经在平板电脑教学应用中有了一定程度的研究和实践。相信在专家们的引领下，通过老师们的不懈努力，对于平板电脑类智能终端教学应用模式、体系化高质量的平板电脑环境下的数字资源的开发与应用会有更深入的发展。

参考文献

［1］李葆萍.平板电脑创新中小学教学研究［J］.中国信息技术教育，2013（10）.

［2］肖安庆，张圆.iPad：一种现代化的教学工具［J］.山西电教，2012（4）.

［3］姚焜；许文婕；电子白板结合平板电脑实现交互式课堂——以小学英语课为例［J］.教育信息技术，2013（Z2）.

［4］贾积有.平板电脑促进教育高效与公平［J］.中国教育网络，2013（6）.

［5］龚朝花.基于iPad的电子教材特征与课堂应用实践［J］.中国信息技术教育，2013（10）.

［6］李克东.数字化学习——信息技术与课程整合的核心［J］.电化教育研究，2001（8）.

［7］陈美华.数字化分享园，快乐你、我、他［J］.小学教学参考，2013（9）.

［8］徐小洁.基于电子书包的有效教学策略探究［J］.教育信息技术，2013（7）（8）.

［9］崔秀梅.课程整合：给学校课程做做减法［N］.中国教师报，2013-6-12，009版.

［10］姚焜、许文婕.电子白板结合平板电脑实现交互式课堂［J］.教育信息技术，2013（7）（8）.

［11］林君芬，李慧勤，黄海晖.交互式数字教材：数字化教学资源的新形式［J］.教育信息技术，2013（6）.

［12］祝贺.平板电脑在课堂教学中的应用［J］.中国科技教育，2011（11）：17-18.

［13］任宝贵，陈晓端.美国家庭作业政策及其启示［J］.教育科学，2010（1）.

［14］项国雄.从传统教材到电子教材［J］.信息技术教育，2005（5）：8-10.

［15］史卓君.减负增效，落实"课堂教学"［J］.新课程（小学），2011（1）.

［16］李学农.国内外家庭作业比较研究［J］.教育学术月刊，2009（10）.

［17］蒋凤莲，杨传.中小学生课业负担过重问题的深层思考［J］1995（Z2）.

［18］龙宝新.中小学生课业负担问题的病理探源与有效破解［N］.南阳师范学院学报，2013（7）.

［19］王裕民.开展高效课堂教学，切实减轻学生课业负担［N］.考试周刊，2013（56）.

［20］杨明.基于平板电脑的在线学习模式探究［J］.中国教育技术装备，2013（3）.

附录四　"基于移动互联网的家校互通方式和
应用效果的研究"研究报告（有删减）

序　言

长期以来，家庭教育在教育孩子的目标、过程、手段和方法上与学校教育存在着很大差距，使家校互动过程中产生了一些不协调。有的父母望子成龙心切，把全部理想寄托在孩子身上，将子女当成实现自己梦想的化身；有的父母急功近利，只重视教育结果而忽视教育过程；有的父母强迫孩子按自己的愿望学习，而忽视了孩子的心理感受，等等。因此，家庭教育需要与学校教育同步、合拍。学校有义务帮助和指导家庭教育，使家庭教育办成"空中家长学校"，让越来越多的家长通晓教育学、心理学，与学校教育形成互补，形成合力，共同创设和谐的育人环境。[①]但在传统环境下，"空中家长学校"是不可想象的，而在移动互联网环境下，基于各种移动终端如手机、平板的"家校互通"则迎刃而解。这是一种全新的家校合作形式，它使家校合作育人的途径变得更加多元、更加开阔，也更加及时高效。可以说，在移动互联网环境下，开展和加强家校互通合作育人的意义重大。

苏霍姆林斯基有句名言："没有家庭教育的学校教育和没有学校教育的家庭教育都不可能完成培养人这样一个极其细微的任务。"此话精辟地阐述了学校教育与家庭教育密不可分的依存关系。在信息技术飞速发展的今天，传统的家校互通方式悄然发生变化，电话、书信、家长会、家访、教师与家长面对面的沟通方式已远远不能满足快节奏工作、生活的需求。[②]

我国早在21世纪初，针对学校的信息化发展开展了"校校通"工程、"农远"工程的实践研究，也取得了不错的效果。2012年，国家教育部

[①] 陈世珠.把信息技术引入家校教育——"家校通"课题研究初见成效［J］.中国电化教育，2007.02（241）：79

[②] 沈彦含.基于微媒体的家校互动策略的实践与思考［J］.上海教育，2016年02月AB刊

提出了《教育信息化十年发展规划》，其中的"中国数字教育2020行动计划"包含了学校信息化能力建设与提升行动。政策上的大力支持为家校互通平台在校园中的建设提供了可靠保障。在移动设备大量普及、社交媒体被人们广泛应用的今天，家校互通平台系统的建设也呈现出移动化趋势。①

青岛弘德小学是一所新建的小学，共有1～3年级18个班，校长吕红军是山东省基础教育信息化有影响力的人物，一直致力于信息化教育的研究工作。一接手这所学校，他就积极打造信息化教学环境，并通过亲自执教"开学第一课"突出信息化手段的应用，向教师、家长传递未来教育的理念。他也非常重视家校互通的研究，积极引进和开发家校互通平台，让教师充分利用好人人通平台、QQ群、微信群、学校微信公众号等方式与家长进行联系，促进学校的发展和学生素质的培养。

摘要：

在移动互联网时代的大背景下，立足基础教育改革，以移动互联网为媒介，着重以云平台、QQ、微信等互动学习与交流评价为主要方式，围绕教育教学、学校管理和家庭教育中的各个环节，建立一种科学、高效、可持续的家校互动机制，力图改变学校教育教学与管理中家庭教育促进因素的缺失这一格局，从而能够使学校、家庭与社会达到步履一致，在学生学习过程中协同合作，为学校教育教学的发展寻找新的突破。在移动互联网家校互通机制下的互动主体主要是教师和家长，互动性是网络学习的一个特征，网络学习仍然属于学习的范畴，其本质没有改变，只不过是时间和空间维度可以自己把控，不再仅仅局限于固定的时间和地点，这就形成了一种无法抵挡的冲击力。家长和学生均可以在网络上下载学习资料，关注时事新闻，"这样，将最大限度地做到文化、教育资源共享，并将其运用于自己的学习研究互动中"；另一方面，实现家校互通，学校的新制度、紧急事务和学生成绩等得以最快地通知到家庭，家庭得以积极反馈学校教育的社会效益，教师可以为家庭教育提出有益的建议，从而多方面地提高学生的学习质量，提高学校的教育教学质量和效益。

---

① 张志勖，庄秀凤，林永.移动终端支持的家校互通平台的设计［C］//全国计算机辅助教育学会学术年会.2014.

一、研究问题

（一）研究问题的提出

众所周知，教育环境对学生的成长至关重要。家庭和学校作为学生教育的两大主要实施场所，只有加强教师和家长的联系沟通形成教育合力，才能更好地达到教育效果、促进学生的健康成长。但目前，家庭教育和学校教育有联系却还是相对独立，家校互动依旧以家长会、家访两种方式为主。这必然导致家校沟通不及时，沟通内容不全面，沟通对象不均衡，沟通方式较欠缺等弊端。

而随着科技的发展，人与人之间的沟通交流不再仅限于面对面，电话通讯。邮箱、QQ、微信等基于移动互联网的交流方式，逐渐成为人与人之间联系互动的主要"桥梁"。在教育领域中，一场以信息化为显著特征的教育变革正在悄然发生，正如在许多社会生活中使用手机和各种APP那样自然。2010年，《中国教育改革和发展规划纲要（2010—2020）》专门将信息技术单列一章，指出：信息技术对教育改革和发展具有革命性影响。2012年，教育部发布《教育信息化十年发展规划》，在"中国数字教育2020行动计划"中专门提到了学校信息化能力建设与提升行动。2018年4月，教育部印发《教育信息化2.0行动计划》，确定"网络学习空间覆盖行动"等八大行动。"互联网+教育"正在推动中国中小学智慧教育的进程。这些，都为家校互通方式的多样化提供了政策导向和制度保障。

在移动互联网如此发达，移动终端高度普及，社交软件和平台广泛应用的今天，家校互通变得更加多样，也更加灵活，完全可以不受时间和空间的限制。为此，青岛弘德小学借助信息化教育平台，开展"基于移动互联网的家校互通方式和应用效果的研究"，力图探索出家校互通交流的新模式。

（二）核心概念界定

移动互联网（Mobile Internet）：

移动互联网是将移动通信和互联网二者结合起来，成为一体，是互联网的技术、平台和应用与移动通信技术结合[①]并实践的活动的总称。它推动经济、教育形态不断地发生演变，从而带动社会经济实体的生命力，为改革、创新、发展提供广阔的网络平台。

————————
① 卢聪.大学生移动网络社交动机量表编制［D］.2016.

家校互通：

家校互通指对学生最具影响的两个社会机构——家庭和学校形成合力对学生进行教育的渠道。家庭与学校以沟通为基础，使学校教育与家庭教育相互配合，打造良好教育环境，使学校在教育学生时能得到更多的来自家庭方面的支持，而家长在教育子女时也能得到更多的来自学校方面的指导。[①]家校双方的良好的配合，让学生能够享受到更好的教育，更好地成长发育，更好地掌握知识，更好地适应社会。

基于移动互联网的家校互通：

现代信息技术的发展为家校互动教育提供了新的渠道，移动互联网为家校互通提供了更好的技术手段。在数字化校园平台上构建基于免费APP的教学互动教育系统，充分利用手机或其他移动终端等技术设备，能够使学校和家庭进行有效沟通，提高教育教学质量，促进家校的互联和合作的成效。同时，借助移动互联网网络平台实现的家校互通，也可以使学生无论在学校还是在家庭，都能快速便利地学习到自己所需要的知识，[②]收到良好的教育效果。

（三）研究目的

通过对此课题的研究，寻找家校互通的有效方式方法，努力在促进家校联系，实现家庭、学校、社会三位一体教育合力，创建和谐的育人环境的同时，也把优质的教育理念和资源利用互联网从学校传播到家庭、社会。通过家校方便、快捷、高效的互动，促使学生良好道德品质的形成和良好学习习惯的养成，使每一位学生都能得到更好的、全面的发展。

（四）研究意义与价值所在

1. 选题意义。

著名教育家苏霍姆林斯基说过，"最完备的教育是学校与家庭的结合"。这句话强调了家校合作互动的重要性，作为学校教育管理者、班主任、科任教师都要积极地与家长沟通，进行有效的家校互动，促成家庭教育与学校教育的合力，共同促进学生的成长。随着互联网的高速发展和智能手机的普及，大部分家长都成为微信用户、QQ用户，并且现在大多数小学家长年龄在28～50岁之间，在网络生活方面，这一年龄阶段的人正是各种网络社交圈中

---

① 方丽萍.构建中学英语学习共同体［J］.教育：周刊，2017（42）：64-65.

② 陈新."互联网+"环境下家校互动翻转课堂的实践——以信息技术学测为例［J］.中小学电教（下半月），2016（1）：76-77.

的活跃分子，他们使用微信、①QQ群的频率很高，并且对于各种社交或是教学软件很容易接受。

首先，基于移动互联网的家校互动平台的建立，最大的优势在于其信息的多媒体化，区别于传统的家访、电话、短信等方式的沟通，不再局限于文字、语言，还可以是图片和视频等。其次，有别于传统的单向交流，家校互动平台的建立，更有利于做到真正意义上的家校互动、双向交流；除了教师发布消息外，家长也能在云平台、微信群、QQ群里回复文字、图片、语音、视频等信息，基本做到及时反馈、及时交流。最后，家校互动平台的建立，信息传播的面广，教师可以在朋友圈、社交圈分享自己的教育心得，家长们都能看到，并及时转发、分享，形成了家校互动、交流的新气象。

2. 价值所在。

学生的成长、发育和发展过程中，学校、家庭和社会担当了不同的角色作用，是相互影响、相互作用和辩证发展的过程，任何一个方面的缺失，都会影响到孩子的健康成长。但是，当前经济社会发展出现了一些新情况、新问题，新现象，使学校教育与家庭教育的衔接和交流互动严重不足，教育目标、教育内容和教育手段、方式方法存在很大的错位和不一致性，无法真正形成教育的合力，甚至出现2>5（双休日两天大于学习日五天）的现象，严重影响学生健康、全面、和谐地发展。学校、教师如何才能实现与家长的高效合作、合力育人呢？移动互联网和智能工具给我们带来了前所未有的解决方案。利用众多的交互软件和平台，可以搭建起与以往不同的跨越时空、多边交流的家校互通通道，从而形成了现实与虚拟相互补充、合作育人的最佳境界。

二、国内外相关研究学术史梳理及综述

（一）国外相关研究

当今世界各国越来越重视家校合作育人的研究，普遍认识到青少年的健康成长绝不仅仅是学校的事情，需要全社会的共同关注，需要学校、家庭、社会的通力合作。近年来，美国为研究解决公立学校的危机问题，把家校合作作为教育研究和学校研究的主题；英国、德国、法国、芬兰和挪威等欧洲国家，也将家校合作作为教改的重要组成部分。可以说，家校合作是当今学校教育改革的一个世界性的研究课题。

---

① 陈乾坤，邹硕，刘勇.基于微信公众平台的个性化家校互动［J］.发明与创新（教育信息化），2014（4）：4-8。

国外对于家校合作的重要性和策略已形成共识，家长参与学校教育具有普遍性，并通过政府报告和立法确保家校合作的施行。国外家校合作的主要途径是校本参与机制，参与的主要方式如下。

1. 对家校之间信息传递活动的参与。方式包括家访、家长会、开放日、学生作业展览、家庭学校手册、成绩报告卡、学校信息卡、学校家长公约等。

2. 对学生在校学习和生活的参与。方式有家长志愿者帮助学校活动，为维护学生学习和合法人身权益而进行的参与活动。

3. 对学校管理活动的参与。方式包括家长通过地方学校理事会（或地方学区教育委员会）、家长教师联合会（PTA）等来参与学校管理。[①]

国外关于家校合作方面的研究开展得很早，最早的比较知名的家校合作的项目主要有以下几种。

1. 日本引进美国的PTA（Parent Teacher Association）项目，它在沟通学校与家庭、社区的联系，促进青少年发展中作用巨大。

2. 美国的学校发展项目（SDP），主要包括5个方面的内容：家长、教师、学校管理者培训、建立学校和州政府教育部门之间的伙伴关系、电话培训。

3. 美国教师帮助家长参与学校作业项目（Teachers Involve Parentin School work, TIPS），项目的目标包括：提高家长对孩子作业的了解；对孩子在家庭中学习活动的参与度；增强孩子向家长表达学校所发生事件的能力与愿望，并帮助其提高表达频度；提高各科作业的完成情况。TIPS项目定期召开学校和家庭交流会，讨论语言艺术、科学、健康、数学等主题。

4. 英国的PICC项目，研究持续两年，表明为了促进家长与教师间更有成效的合作关系，教师需要做出的更多的服务支持。国外对家校合作的研究主要体现在教师与家长的行为与心理学等理论层面上。例如，Epstein和Joyce在他们的书中谈到了在改善家庭与学校之间的关系上，教师以及管理人员应当如何作为，理论是如何指导教师和家长的共同参与行为来影响家校互动，教师与家长的参与会对学生的成就造成怎样的影响，应当采取怎样的策略来指导家校互动，促进学生的健康发展；Christenson，Sandra等谈到，在基础教育（K-12）

---

① 何欣，武子俊.我国家校合作研究：理论、实践和思考［J］.阴山学刊，2016，29（5）：104-108.

中，家长与教师要起到学习支持者的作用来帮助孩子进行更好地学习。①

（二）国内相关研究

我国在1952年的《小学暂时规程》里提出学校应成立家长委员会，并定时举行会议，听取学校的工作报告，反映家长对学校的意见，密切家庭和学校的关系。但是，由于计划体制下学校的集权管理性质，家庭与学校关系疏离，并无实质的参与和合作。改革开放后国内社会经济关系发生变化，素质教育受到重视，家校合作的重要性凸现。2010年颁布实施的《国家中长期教育改革和发展规划纲要》强调加强学校与家庭沟通和建设家长委员会工作的重要性，并从"加强学校民主管理，建立和完善现代学校制度"的高度赋予家长参与、家校沟通的教育民主化新理念。②

《中共中央国务院关于进一步加强和改进未成年人思想道德建设的若干意见》中明确指出："要重视和发展家庭教育，家庭教育在未成年人思想道德建设中具有特殊重要的作用。要把家庭教育与社会教育、学校教育紧密结合起来。"2002年8月，浙江大学投资创建了浙大网络，并开设了"家校互联"加盟方案。在中央电教馆为代表的各种教育机构、学校和企业的努力下，该方案成为学校信息化评比的一个标准。2004年，由中国教育技术协会主办的全国首届"家校互联信息平台"应用研讨会就如何利用信息化家校互联平台提高学生成绩及加强对未成年人思想品德教育等进行了探讨。2007年，上海市政府实施了"家校互动"项目，由上海市信息委、上海市教育委员会联合推动，为中学、小学的学生、教师、家长服务，免费提供相互沟通交流的网上互动平台。家校互动平台的用户可以方便地获取个性化的教学信息，享受丰富的网上教育资源。③

2012年8月，腾讯公司在微信的即时通讯功能的基础上又开发出了微信公众平台功能。教育工作者开始积极尝试利用微信公众平台进行家校沟通，实现微信公众平台与家校协同教育的有机结合，以期解决传统家校沟通的难题，突破沟通的时空限制，提高沟通的频率。微信是一款在智能手机等终端

---

① 张志勋，庄秀凤，林永.移动终端支持的家校互通平台的设计［C］//全国计算机辅助教育学会学术年会.2014.

② 何欣，武子俊.我国家校合作研究：理论、实践和思考［J］.阴山学刊，2016，29（5）：104–108.

③ 吉翔.基于移动平台的家校互动平台子系统的设计与实现［D］.吉林大学，2015.

可以免费使用的社交沟通软件。截止到2015年第一季度，中国超过90%智能手机已经在使用微信，平均每月的活跃用户高达5.49亿。微信的高覆盖率为家校协同教育的发展提供了新的契机。

近年来，我国的移动互联网正在蓬勃发展，移动数据服务商Quest Mobile于2016年1月7日发布《2015年中国移动互联网研究报告》。该报告指出：截止到2015年12月，国内有数量高达8.99亿的智能设备服务于移动互联网活动。[①]时至今日，移动互联网的普及率更高，手机构成了人们另外一个生活空间，也就是个人的虚拟世界。在这个世界里，人们完成了很大一部分的工作、交际、生活和娱乐等，移动互联网正以令人惊讶的速度对整个经济社会发展产生了深刻的影响。正是在这样的时代背景下，移动互联网陆续走进教育，走进家校协同教育，成为新的教育领域。

（三）研究趋势

纵观国内的相关研究，家校互通互动合作育人虽然起步较晚、基础薄弱，与欧美等发达国家存在较大差距，但我国互联网技术、现代通信技术以及信息技术的发展突飞猛进，已经成为世界最大的互联网大国，拥有最大的互联网用户，如果能够将移动互联网技术适时适切地应用于家校互通领域，必然会极大地推动家校合作育人的发展。

目前我国的家校合作方式，在家访、书信、电话、家长会等传统沟通基础上，开展了家长委员会、家长学校、家校联系手册、家教咨询活动、开放日和亲子活动等形式。现代科技推出更便捷的沟通形式，家校间利用网络，通过短信、微信、QQ、人人通、网上课堂、电子邮件等不同方式迅速传达信息，家校关系趋近，合作渠道更多。[②]

家校互通的方式特别多，主要的方式包括传统的家长会、电话、家访等以及现代社交媒体如QQ群、微信群等，学术上针对传统的家校互通方式的研究比较多，利用现代信息技术媒介的学术研究则比较少。本课题研究"基于移动互联网的家校互通方式和应用效果的研究"，主要聚焦于现代信息技术媒介，尽可能地挖掘每种技术在互联中的优缺点，发挥好它们的优点，将这些技术适时适切地运用到家校互联共育的各种情境中，更好地提高共同育人的目标。

---

① 吴欣.基于微信公众平台的小学一年级数学家校协同教育的应用研究［D］.2017.

② 何欣，武子俊.我国家校合作研究：理论、实践和思考［J］.阴山学刊，2016，29（5）：104-108.

三、研究程序

（一）研究设计

1. 研究目标。

（1）通过对基于移动互联网的家校互通方式和应用效果的研究，寻找教师与家长之间互通的有效方式、方法，增加学校教育与家庭教育的连贯性，创建和谐的育人环境。

（2）借助移动互联网的即时、快捷、便利、多样化的优势，探索不同方式与家长各方面沟通交流的有效应用。

（3）通过此课题的研究，使家校互通在移动互联网技术的支持下，更加有效、更加频繁，形成强大的教育合力，为学生构建良好的学习成长环境。

2. 研究重点。

（1）建立具有青岛弘德小学特色的信息化家校互动环境，利用互联网的交互性、便捷性、及时性，与家长建立平等、互信、互通的关系，营造和谐的育人氛围。

（2）依托信息化网络平台，寻求与家长分享教育经验、研讨教育问题，谋求家校有效互动的方式、方法，并探究各类方法的优缺点及有效应用方向。

（3）通过对移动互联网开展的家校互通应用的效果分析，总结出家校互动合作育人的教育新模式。

（二）研究对象

青岛弘德小学教育管理者、班主任、教师与学生家长。

（三）主要创新点

我们所要研究的基于移动互联网的家校互通研究指的是家庭和学校双方的沟通和协调，是一种家庭和学校之间的双向互动活动，即在传统家校互通方式的基础上，通过一定的信息化渠道将家庭和学校紧密地联系起来，拓展双方教育的时空维度，保证二者的沟通更加顺畅。在相互沟通的基础上进行有效的配合和互动，以此来达到二者教育目标的一致，[①]从而提高教育的效果。

（四）研究方法

1. 文献法：为探索研究方向、研究内容，关注国内外家校互联发展动态，特别是基于移动互联网的发展；依托中国知网等网络数据库系统查阅了

---

① 康凯，海波，邓凡，et al. "互联网+教育"环境下的家校互动协作教育模式创新研究［C］//教师教学能力发展研究科研成果集.2017.

国内外学术界有关“移动互联网”“家校互通”等方向的研究文献；结合已有的研究经验，依据本校实际寻求突破。

2. 调查法：利用教师访问、家长座谈、发问卷等方法，了解教师和家长信息化水平，并根据调查反馈，组织、参加各种培训，以此提高教师利用信息化手段提高班级管理的水平以及家长利用信息化手段提高家庭教育的水平。

3. 行动研究法：教师在教育教学实践中基于实际问题解决的需要，与课题组的其他成员合作，与专家们进行沟通交流，将在课题研究中遇到的问题进行系统的研究，最终解决问题，达到研究的目的。

4. 个案分析法：通过研究典型的家校互通教育案例，从中探索家校共育的一般规律与共性问题，从而探索新的家校互联共育的科学模式。

5. 经验总结法：在课题研究过程中随时整理、总结，在实践的基础上对实验成效及存在问题等做比较详细的分析和归纳，以便继续深入细致地实验探索和研究。

（五）研究过程

1. 准备阶段2016年12月—2017年6月。

2016年12月—2017年3月　学校借助移动网络搭建平等的家校互动平台，如学校微信群、班级微信群、QQ群、“网络学习空间人人通”云平台等；同时，邀请全体家长试用，并将使用中的想法或建议及时反馈学校。

2017年4月—2017年6月　课题研究成员在班主任的帮助下充分了解各班孩子的家庭情况，了解家长们的信息化应用水平，并通过多种形式与家长沟通交流和培训信息化应用，转变家长的教育理念，家校互通充分利用信息化手段和网络平台。

2. 实施阶段2017年7月—2018年6月。

2017年7月—2017年8月　学校召开座谈会，向每个教师收集关于基于移动互联网的家校互通的想法、建议，总结整理适用于学校的、便于教师使用的一些家校互通的方法。

2017年9月—2018年1月　在日常教育教学中，推荐教师使用这些家校互通的信息化方法。课题组成员在积极使用的同时，及时关注云平台数据反馈，搜集教师、家长、学生的使用反馈；

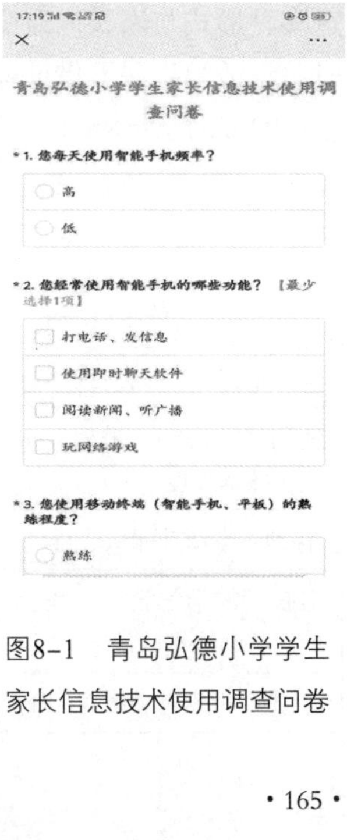
青岛弘德小学学生家长信息技术使用调查问卷

*1. 您每天使用智能手机频率?

- 高
- 低

*2. 您经常使用智能手机的哪些功能? 【最少选择1项】

- 打电话、发信息
- 使用即时聊天软件
- 阅读新闻、听广播
- 玩网络游戏

*3. 您使用移动终端（智能手机、平板）的熟练程度?

- 熟练

图8-1　青岛弘德小学学生家长信息技术使用调查问卷

进行相关数据的比较和分析，从中得出规律性应用网络平台进行家校互通的有效方式方法。

2018年2月—2018年6月　在目前利用家校互通网络平台，构建平等互信、真诚有效的育人大环境的基础之上，结合前阶段的理论启示和实践需求，积极探索家校互动的有效方法和策略研究。

3.总结阶段2018年6月—2018年11月。

2018年6月—2018年9月　通过对前两个阶段的研究，总结和探索基于移动互联网的家校互通的教育新模式，撰写结题报告，准备结题工作。

2018年10月—2018年11月　进行课题实验。

总结，申请对实验成果的验收。

具体实施过程：

1.利用日常教育教学闲暇时间和教师例会时间，对教师进行相关培训，学习"网络学习空间人人通"云平台相关功能的应用。搜集学生、家长信息，完成"网络学习空间人人通"云平台的账号注册；以班主任为中心，建立各班微信群、QQ群等，通过学校、班级家长会，教师家访、群组聊天等途径，向家长推荐介绍，建议家长试用，并反馈试用效果。

2.在班主任的帮助下充分了解各班孩子的家庭情况，设计"青岛弘德小学学生家长信息技术使用调查问卷"，了解家长们的信息化应用水平，并通过多种形式与家长沟通交流和培训信息化教育应用。在日常信息化教学的同时，渗透学生课下借助移动设备自主学习的方法，激发学生使用兴趣，让学生影响带动家长使用。

表1　青岛弘德小学学生家长信息技术使用调查数据统计

调查项目数据	选项一	选项二
家长使用智能手机频率	高　95.67%	低　4.33%
使用智能手机功能频率	使用即时聊天软件79.3%	电话、短信21.74%
使用移动终端（平板、手机）熟练程度	熟练　74.91%	一般　21.8%
移动终端新功能接受程度	容易接受　82.36%	比较容易接受　17.94%
对孩子的学习教育，是否使用移动终端软件	使用　53.41%	不经常使用　45.83%
会主动搜索有关教育APP	会　43.85%	不会　56.15%

3. 学校召开座谈会，向每个教师收集关于基于移动互联网的家校互通的想法、建议。探索基于移动互联网的家校互通方式，探究相关APP软件、网站中功能的使用方法。

（1）班级微信群、班级QQ群用于班级任课教师与家长之间的日常沟通交流，教师可以在群里推送一些教育方法、学习指导、学校活动记录等。

（2）利用学校网站和微信公众号发布学校各项活动记录，让教师、家长乃至社会了解学校建设、学生学校学习生活等。

（3）借助"网络学习空间人人通"云平台构建教师与学生、教师与家长、家长与学生、学校与家长之间的桥梁。教师可以利用"人人通"云平台向家长发送学生课后作业，发布班级活动，学生在校表现等等。

（4）在促进家校沟通的同时，借助此契机加强家校教育的衔接。利用移动互联网的发展，探究家校衔接教育的方式方法。一起作业、狸米学习、作业盒子等一些APP学习软件，可以使学生课后预习新课、复习旧知、练习巩固。安全教育平台可以使学校安全教育与家庭安全教育完美结合。"人人通"云平台可以及时查看作业、完成作业，平台上如趣味学堂、速算森林、趣味编程等趣味学习功能，都供学生在游戏中获取知识。基于核心素养的综合评价系统，让家长、教师发现学生能力较强和较弱的方面，并及时引导培养。

（5）基于移动互联网的家校互通方式已基本形成，也取得较好效果。在信息技术的支持下，家庭与学校教育配合、家长与教师的沟通交流呈现良好的效果。良好的家校互通，受益的最终是学生，在家长与学校共同努力下，达到预期目标。

表2 基于移动互联网的家校互通方式的应用情况（家长调查问卷反馈表）

家校互通方式	家长满意度		
	非常满意	满意	不满意
即时聊天工具使用	98.31%	1.47%	0%
"人人通"云平台使用	94.59%	5.31%	0.1%
安全教育平台使用	89.71%	9.43%	0.64%
免费教育App使用	83.27%	15.22%	1.29%

（六）研究保障

1. 人员组成。

课题组由专职班主任教师，主管少先队、家委会工作的教师组成，都具备一定的计算机运用能力和实践研究经验。学校拥有先进一流的现代信息技术设施，为课题的研究创造了良好的软硬件条件。电子白板、数字实物投影装配到每一间教室，智能机器人、STEM教室、AR、VR等现代化设施一应俱全。学校有自己的网络中心和信息中心，双网运行，无线网络全覆盖。校园网设有学校的教育教学资源库，教师与学生可以根据需要在校园网上获取自己所需要的信息。

2. 研究时间。

课题研究人员均为教育一线教师，具有与"家校"两方面沟通的便利条件，为系统研究实施课题打下了扎实的基础。

3. 经费保障。

学校对课题研究的支持不遗余力，凡是与课题研究相关的费用实报实销，并且对课题组教师给予奖励和补贴，并在评优和职称晋级中给予优先，提高教师参与研究的积极性。为了实验的有效开展，为课题组教师提供中国知网，供教师使用，并积极鼓励课题组教师外出考察学习和参加各项研讨活动。

四、研究发现或结论

（一）传统家校互通方式优缺点分析

家校沟通是学校、教师教育教学的重要组成部分。传统家校互通方式以家长会、家访等面对面的沟通为主。

1. 家长会。

家长会是家校互通中面对面的沟通方式。一般每学期期中、期末召开两次。学校家长会有校长讲座、专家座谈、辅导等方式；班级家长会一般流程是班主任介绍班级情况—学生在校表现—学生学习情况—任课老师分享学科学习方法—家长与老师个别沟通等等。

优点：家长和教师可以面对面交流，减少距离感。家长可以更多地了解学生学习环境、在校学习情况等。

缺点：无论是学校家长会还是班级家长会，都是教师面对全体家长，畅聊的大多是针对绝大多数学生的情况，面对面单个人沟通的机会较少，家长对自己孩子情况了解不细致。

2. 家访。

家访分为电话家访和入户家访。每学期学校任课教师都会对任教班级的学生进行家访。

优点：通过入户家访，家长和教师可以较为放松地沟通，更加深入地沟通学生各方面情况。教师可以了解和掌握学生的家庭情况、在家学习环境和表现等，做到心中有数，有利于以后更好地根据实际情况有针对性地教育和引导学生。同时，通过家访可以增强家长的责任心，提高家长对教育的认识程度。电话家访时间不受限制，随时可以电话沟通，了解学生短期的表现。

家访增加了教师与家长进行双向沟通、交流思想感情的机会，也增进了相互了解，取得相互支持，形成教育共识，实现教育学生方面的协调统一，促进学生更加健康地成长。

缺点：入户家访不仅耗费时间较长，而且容易给家长带来不必要的麻烦。电话家访很多时候，家长想通过电话了解孩子学习等情况，白天担心影响老师工作，下班后担心影响老师休息，顾虑较多，在通话时聊得不细致。

3. 家长开放日。

为了让家长了解学校的教育教学管理，并能够积极参与到对孩子的教育中，与老师共同探讨教育孩子的方法，学校在每个学期都举行家长开放日，邀请家长走进校园、走进课堂、亲临教育教学第一线；参观学校、班级文化氛围建设，观摩课间操、课堂、午餐等，了解学校教育教学情况；聆听班主任老师和科任老师一起汇报班级管理和教学工作，参与到班级教育教学管理中，提出意见和建议，真正实现"家校携手，共助成长"。

优点：在一天的家长开放日中，家长可以走近孩子，深入孩子的学校生活，了解孩子的课堂学习、学校生活，发现孩子与家中不同的表现。走近教师，体会老师教育教学工作，与教师沟通孩子的学习、班级的管理。走进学校，感受学校生活环境、育人氛围等，更全面地了解学校。

缺点：学校家长开放日在上学时间举办，同时亦是家长工作日，这会给一些上班家长带来不便，并且用一天时间来了解孩子学校生活表现，所观察的并不全面。有时与教师交谈沟通时间过长，容易影响到老师正常办公。

基于上述对传统家校互通方式的探究分析发现，传统家校互通方式有好的方面，也有不可避免的缺点。如何才能获得适合学校教育发展，教师与家长合作育人的新模式？课题组成员吸取传统方式的优点，借鉴不足之处，借助移动互联网，积极探索家校互通新的方式方法。

（二）基于移动互联网的家校互通的方式应用逐步展开

随着智能移动终端的普及和网络平台技术的不断完善，信息技术在各个领域的应用已成为现实。现代教育需要信息技术的补充、优化也成为必然。互联网技术的飞速发展，依托移动互联技术的移动设备（智能手机、平板电脑等）更是快速普及。如今，人们使用移动设备工作、交流花费的时间已远远超过了面对面、通信等方式。

学生在学习与成长的过程中离不开学校与家庭等多方面合力教育，一个和谐、安稳地为家、校两方提供沟通交流的家校互通环境显得格外重要。

经过此课题的研究，我们感到与传统的家校互通相比，基于移动互联网的家校互通具有明显的优势，同时也是对传统家校互通的一个很好补充。传统的家校互通主要通过作业联络、家长会交流、面对面交流、电话语音交流、家访等，既不及时也不常态，很难面向全体，交流的内容随着交流的结束也就流失了；而基于移动互联网的家校互通，特别是人人通平台不仅可以实现文字、语音、视频、图文等的交流，还可以实现群体的互动，其结构化的设计不仅可以把这些资源保留下来，并可以实现有效的再利用。

目前，我校100%的教师、学生和家长注册了"网络学习空间人人通"，100%的家长加入班级微信群或QQ群。师生和家长在人人通平台上的活动已经产生了黏性需求，全校750余名学生，连同相同数量的家长，平均每天登陆的数量达到10000余次，人均接近7次。移动设备上免费使用的教育学习APP，使学校教育与家庭教育无缝衔接、一致贯通。基于移动互联网的家校互通方式应用已经成为我们家校合力育人的新模式。

（三）总结基于移动互联网的家校互通不同方式及应用效果

1. 应用电子邮件实现家校沟通的研究。

电子邮件（lectronic mail）在20世纪70年代发明，在80年才得以兴起，到90年代中期，互联网浏览器诞生，全球网民人数激增，电子邮件才被广为使用。约在1993年起简称email或e-mail，又称电子邮箱，简称电邮。它是指一种由一位寄件人将数字信息发送给一个人或多个人的信息交换方式，一般会通过互联网或其他电脑网络进行书写、发送和接收邮件，目的是达成发信人和收信人之间的信息交互。

图8-2　以腾讯QQ邮箱为例的邮箱登录界面

电子邮件应用的优点：

现在的电子邮件系统是以存储与转发的模型为基础，邮件服务器接受、转发、提交及存储邮件。

（1）寄信人和收信人的电脑不需要同时在线，只需在寄信或收信时简短地连接到邮件服务器即可。若有信息收到，服务器会在打开邮箱后自动提示。

（2）电子邮件可以发送给一人或多人，也可群发邮件。发送第一次后，收件人信息会在最近联系人处保存，便于下次使用。

（3）电子邮件最大优点在于可以储存邮件及寄出（或接受）时间；若不进行手动删除，邮件信息会永久保存。

（4）电子邮件可以编辑、发送文字，图片、文档、视频等都可以通过附件或超大附件的形式发送，若文件较大发送前可先进行压缩。

（5）发送时间可即时，也可提前设定。

电子邮件应用的缺点：

电子邮件通常通过电脑操作发送、接收，但现在手机也可以登录电子邮箱，发送、接收邮件。虽然手机随身带，随时登录邮箱比较方便，但操作相对比较烦琐。一般的文字、图片接收发送较为方便，但接受发送较大的文件，压缩包等就较为困难，甚至不太容易实现。而且手机很难实现一直登录电子邮箱，一些即时的信息不容易看到。

在家校互通过程中，教师和家长有时会需要即时交流，若有一方未登录邮箱，信息就会失去时效性。因此在日常教育教学、家校互通时，较少选择电子邮件的方式；除非是不太紧急或发送较大信息时，才会选择以电子邮件的方式发送。

2. 应用即时聊天软件实现家校沟通的研究。

即时聊天软件是可以在两名或多名用户之间传递即时消息的网络软件，大部分的即时聊天软件都可以显示联络人名单，并能显示联络人是否在线。使用者发出的每一句话都会即时显示在双方的银幕上。

图8-3　即时聊天工具QQ登录界面　　图8-4　即时聊天工具微信平台登录页面

随着智能手机的普及，即时聊天软件的应用也越来越广泛。有MSNMessenger、ICQ、QQ、Skype、微信等等。我校常用的是QQ和微信两种软件。

即时聊天软件应用的优点：

（1）有漂亮的界面、合理的设计、良好的易用性、强大的功能（如隐藏功能、分组功能等），系统运行也稳定高效。

（2）使用即时聊天软件与好友用户进行交流，信息即时发送回复，也可以设置快捷回复；同时，也提供了最近联系人列表，方便快速找到最近联系人。现在的即时聊天软件还提供多人聊天、群聊、语音、视频通话等功能。

（3）即时聊天软件也有文件传输的服务功能，支持图片、音频、文档等格式的文件传输，QQ还有离线传输功能。

（4）消息记录在聊天后能得到很好的保存，方便用户查阅。

图8-5　即时聊天工具微信手机端通讯录页面

即时聊天软件应用的缺点：

（1）即时聊天软件虽然也可以保存消息记录，但需要占用系统内存，存储量较小。而且文件、图片、视频等只有点击阅览后系统才能自动保存；否则，一定时期后系统会自动清除，存储不便捷。

（2）在聊天群中，重要的信息容易被聊天记录淹没，若不及时登录查看，一些即时性的消息会误漏；即使有时间查找，也费时费力，时间过长的话，查找的工作量也会是惊人的。

（3）即时聊天软件主要还是一个社交软件，是一个相对开放的平台，任何一个家长都可以往群里拉人，人员成分复杂，不便于管理；如果指望群主进行审核，群主要了解这个人也是不太容易的。

现在的青岛弘德小学，每个班级均建立了QQ群和微信群，家长和任课教师通过QQ群和微信群可以即时发布课下作业、学习进度、学校（班级）活动、通知等，也可以与家长对班级学生的学习情况、在校表现、学生心理等问题进行沟通交流。目前，QQ群和微信群在家校互动交流中的使用频率越来越高。

3. 应用"网络学习空间人人通"云平台实现家校沟通的研究。

"网络学习空间人人通"是指学生、教师、管理者、家长等多个主体之间的交流、分享、沟通、反思、表达、传承等活动的载体，能够支持学习者个性化学习，鼓励学习者之间进行交互的一种网络设计产品。空间既指网络虚拟学习环境，也指个体能够存放知识、分享知识的虚拟场所。

"网络学习空间人人通"云平台有如下特点：

（1）互通性：平台信息能在不同主体之间进行无缝传递。

（2）分享性：平台资源在不同的主体之间能够通过一定的规则进行主动传送和分享。

（3）整合性：云平台上的学习空间，是包含了传统的多种学习功能的一个聚集页面，不再需要登录多个系统操作，所有和主体相关的功能均无缝整合在学习者的页面中。

（4）个性化：学习空间更加强调学生学习个性化，强调不同的主体的空间内容应该适应主体的特征。

图8-6 "网络学习空间人人通"云平台

"网络学习空间人人通"云平台——乐教乐学，现有超过30个应用模块，涵盖作业通知、教学管理、游戏化学习、海量优质资源、组织活动、才艺展示、教育资讯、问卷调查等功能，实现了教学管理、教师增效减负、学生兴趣化学习和家校共育等功能，有效推动了信息化教育进程，是目前国内信息化教育平台中较大的网络学习空间人人通教育平台。

"网络学习空间人人通"云平台应用的优点：

（1）平台注册账号有教师（班主任）、家长、学生的分类，账号类别不同，相关应用的访问权限也不同。

（2）云平台可以创建学生群、家长群、教师群，教师、学生、家长可以在平台中交流。

（3）平台提供了布置线下作业、发布通告、发起问卷调查、自动更新课程表等功能，家长可以接收到孩子课后作业内容，参加的活动等等。

（4）平台还提供班级空间的功能，教师可以上传学生在校表现、班级活动、班级荣誉等；学生也可以在班级空间里上传自己的才艺和成长瞬间；家长可以在博客中分享学生的点滴、教育经验等等。

（5）人人通平台可以永久保存消息、活动记录等，而且不会占用设备内存，所有的内容都是基于云存储。

案例一　家长与教师沟通

学校通过"人人通"平台信息确认功能，统计《父母课堂》家长发放工作。家长收到杂志后，可以在平台中点击确认，同时在阅读后，将感想、体会留言，与全校家长、教师进行分享。

图8-7　"网络学习空间人人通"云平台——乐教乐学

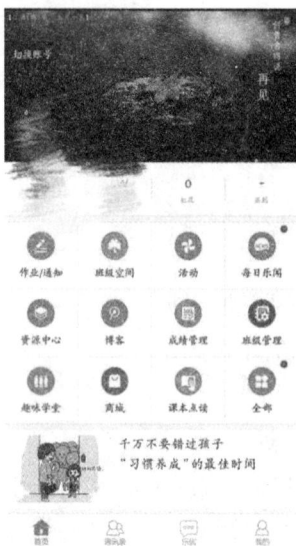

图8-8　青岛弘德小学各班云平台使用情况

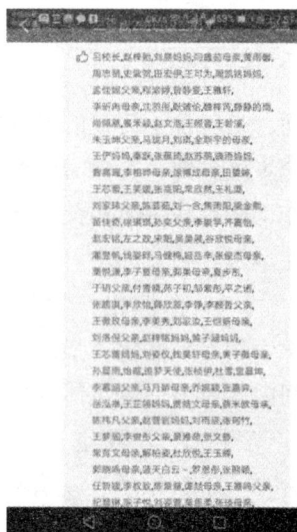

图8-9　云平台班级家长参与情况

案例二　学生与老师沟通

在"人人通"平台的班级空间里，教师经常发布班级实践活动；学生利用课余时间通过动手实践、亲身体验等途径参加活动，并将活动过程通过照片、文字上传到班级空间。在班级空间"才艺"里，学生把平时参加特长班的成果用照片、视频记录下来。在班级空间的"成长"中，学生把自己成长之路上的点滴进步、学习收获记录下来，留下宝贵记录。

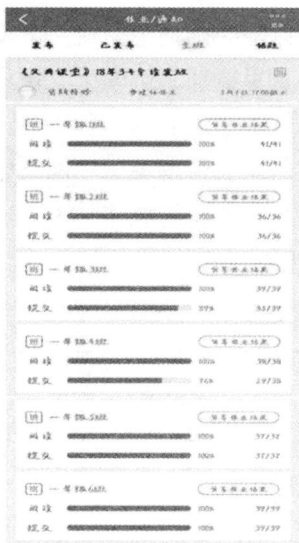

图8-10 人人通平台
作业反馈情况

图8-11 人人通平
台——家长分享

图8-12 "人人通"
平台——班级空间

在"人人通"云平台班级空间这个教师与学生的"小天地"中，没有时间的限制，没有空间的阻隔，教师和学生可以随时随地地交流、分享、学习。学生在这里使彼此之间更加熟悉，教师在这里更加了解学生、更易找到学生身上的闪光点。

在研究过程中先后进行了两次家长座谈，与家长了解关于"网络空间人人通"云平台的使用感想、效果。家长们畅所欲言，纷纷表示"人人通"平台给家长与老师的沟通、孩子的成长，带来意想不到的效果。

青岛弘德小学家长座谈会记录

时间：2018年1月10日	地点：学校会议室	记录人：徐世生
会议内容	基于移动互联网的家校互通新方式实践效果	

吕瑜戈爸爸：
自从孩子来到弘德小学，从初次接触"人人通"平台，再到熟练使用，不仅孩子收获很多，我们家长也跟着学习很多东西。现在孩子回家，第一件事就是拿起平板接收老师布置的作业，完成晚上的学习任务后，就喜欢通过平板看班级同学发的消息，和同学比赛做趣味学堂、速算森林等等。我们家长通过家长账号也在平台中学习一些教育孩子的方法，和老师交流孩子平时表现，了解班级活动等。这个平台让我们更好地陪伴孩子的成长。

李泽艾妈妈：
"人人通"平台我们已经用了一年多了，孩子在平台上学到很多超出课堂的知识。班级里孩子们最喜欢在班级空间里背古诗，每背过一首就录音上传。有时候和同学比赛，一晚上可以背过三四首，不亦乐乎。孩子的学习积极性提高了，知识储备自然而然地增加了。

李硕妈妈：
在班级空间里，我们家长可以通过老师发的消息，随时了解孩子多彩的学校生活，老师也会经常传授教育孩子、指导学习的方法。孩子上传自己的才艺视频、课文朗读录音后，就喜欢等着看校长、老师的评语和同学们的点赞。这个平台帮我们家长记录了孩子成长的美好。

青岛弘德小学学生座谈会记录

时间：2018年1月11日	地点：学校多功能教室	记录人：刘峰
会议内容	"网络空间人人通"云平台——乐教乐学的使用	

巩峻喆：

我喜欢玩"人人通"平台里的速算森林，每次做口算的速度比班里同学快，我都很开心。趣味学堂也很好玩，通过做题我积累了好多宝藏。通过平台里的趣味学习我不仅复习课上知识，还学习到了很多新知识。

张柏源：

我喜欢"人人通"平台里的"乐学编程"，由我们设计小人的行走路线和前进方式，进行闯关，程序模块越少，得分越高。一开始很简单，现在我到了29关就很难了。不过，我是我们班第一个闯到29关的。我要继续努力。

王德琳：

在班级空间里，我们可以上传自己的才艺视频、课文朗读录音，让其他同学、老师欣赏、点赞。我每次录音、录视频都会提前排练一遍，妈妈有时候也陪我一起完成。平台中的线上作业，老师会给完成好的同学发送小红花，我每天最少得一朵。

图8-13　青岛弘德小学网站

"网络学习空间人人通"云平台既拉近教师与学生在课后生活中的距离，增加沟通了解，又方便家长与学校交流，让家长可以轻松了解孩子在学校的学习状况。目前，青岛弘德小学各班级对"网络学习空间人人通"云平台使用量已达到100%，家长在平台上的活跃度（每日登陆量）达到了90%以上。

4. 应用学校网站和微信公众号实现家校沟通的研究。

学校网站的建设为学生、教师、家长和社会提供了一个公共平台。网站和公众号的建设是学校与社会之间交流的创新与突破，其为大家营造了一个共同讨论、共同分享的环境。

学校网站为学校拓展宣传、提高管理效率、提升教师教学和学生学习水平、加强家长与学校有效沟通、优化教学评价方式提供了工具；通过一些接口甚至可以及时发放一些消息通知给家长，或者是一些教师工作或者学生活动，对宣传学校文化都是有极大好处的。

图8-14　青岛弘德小学微信公众号界面

图8-15　青岛弘德小学微信公众号界面

微信公众号的用处与学校网站大致相同，只是与网站相比较浏览起来较为便捷。学校微信公众平台整合校内数字化资源，提供更丰富的数字校园建设，全面提升学校管理效率和管理水平，节约学校投资经费；为学校提供电子化信息综合管理平台，把学校、教师、学生、家长等有机地结合在一起，提供快速、便捷的、准确、及时的信息传递，提供四方沟通平台，实现智能教学管理，加强家校联系和沟通；提升了学校教学及管理质量、增强了学校品牌的竞争力。

学校网站和微信公众号应用的优点：

（1）教师、家长、社会可以从学校网站和微信公众号中及时了解学校动态，学校教师队伍信息，学校课程设置，学校建设等。

（2）在学校网站和微信公众号中，可以根据关键词筛选所需要的内容，有针对性地阅览。

（3）学校网站和微信公众号中展示的学校活动配合文字、插图甚至短视频，可以直观、形象地展现给家长、社会。

在这个高度信息化的社会，学校做网站和公众号建设是最能宣传学校文化的一种手段，可以让外界对这个学校有更加深入地了解。

学校网站与微信公众号建设使得教师与教师、教师与学生、学生与学生之间的交流有了全新的方式，不再受到传统课堂的制约。学校网站与微信公众号可以使天南地北、城市与乡村的学生同处一室，共同讨论，共同分享。地理上的界限在这里模糊和消失了，学校成为真正没有围墙的学校。

（四）总结基于移动互联网的家校互通方式及应用的效果

家校互通不仅仅是学校、家庭两方沟通交流，还要在沟通的基础上，使学校教育与家庭教育形成教育合力，在两方教育相互沟通、配合下，助力学生的健康成长。

通过上述研究和日常教育工作实践，我们已基本形成了以学校网站和微信公众号为展示、宣传平台，微信群和QQ群为及时沟通平台，"网络学习空间人人通"云平台为家长、教师、学生三方主要互通平台的新模式。各种方式应用相互补充，为家校互通助力。

在探究基于移动互联网的家校沟通方式的同时，我们认真分析比较各种方式的优缺点，以便找到各自最优的应用时机。相对于电子邮箱、即时聊天软件、学校网站和微信公众号，"人人通"在家校互通中的应用更加专业，因此下面重点就人人通在支持学生学习、安全教育和素质评价三个方面的应用及效果加以总结。

1. 基于移动互联网的人人通在学生学习上的应用及效果。

图8-16　云平台班级作业布置页面

家庭教育，是大教育的组成部分之一，是学校教育与社会教育的基础。家庭教育是终身教育，它开始于孩子出生之日（甚至可上溯到胎儿期），婴幼儿时期的家庭教育是"人之初"的教育，在人的一生中起着奠基的作用。孩子上了小学、中学后，家庭教育既是学校教育的基础，又是学校教育的补充和延伸。要想使儿童青少年能获得更好的全面发展，必然要使家庭与学校密切配合，统一教育影响。

在学校学习时间有限，大多数知识的复习巩固都是在课下完成的，而教师不可能完成检查所有学生知识掌握的情况。因此，家校教育的沟通就显得尤为重要。基于移动互联网的教育学习APP（都可以称作"人人通"），不仅可以用于课上的学习，还可以延伸到课外、延伸到家庭，让学生的学习发生在任何角落。课下学生可以根据自己的情况进行个性化学习。教师可以利用学习APP给学生布置网上作业，学生完成后提交，平台会自动生成反馈信息，学生可以根据反馈情况进行有针对性的练习巩固，从而把学习变成自我的竞赛。

线上作业形式多样：微课预习、录音作业、多媒体作业等等，既减少了教师的重复劳动，学生也能更快地得到反馈。这摆脱了传统书面作业的形式单一、枯燥无味的问题，学生积极性提高，获得了学习的乐趣。

案例一　翻转课堂之课前预习应用

翻转课堂，重新调整课堂内外的时间，将学习的决定权从教师转移给学生。在这种教学模式下，教师不再占用课堂的时间来讲授知识。这些知识需要学生在课前完成自主学习，他们通过看视频微课，在"人人通"平台上与别的同学讨论，在上网查阅需要的材料，培养了学生自主学习的能力。课堂内的宝贵时间，学生能够更专注于主动的基于项目或者问题的学习，从而获得更深层次的理解；教师也能有更多的时间与每个人进行交流。教师采用讲授法和协作法来满足学生的需要和促成他们的个性化学习，其目标是为了让学生通过实践获得更真实的学习。

以青岛版3年级数学《认识周长》一课为例，教师课前利用ipad推送微课，学生观看后完成附带练习并提交，教师由此了解学情，完成二次备课。课上运用Seewo投屏软件，教师和学生一起对课前练习的反馈情况进行交流，重点讲解易错题目并做拓展练习，以学定教。

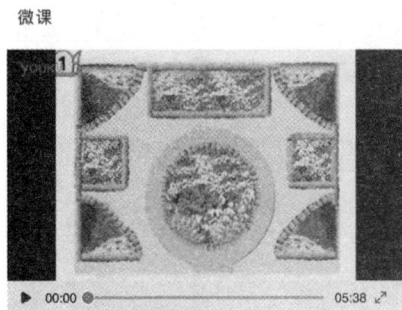

图8-17　人人通平台——微课推送　　　图8-18　人人通平台——微课练习反馈

案例二　平台游戏化学习——速算森林、趣味学堂

"网络学习空间人人通"云平台——乐教乐学中速算森林和趣味学堂是最受学生欢迎的两个游戏化学习模块；其特点是与现用教材配套统一，学生在课后复习时可以根据学习进度自主练习。

图8-19　趣味学堂"连对天才"排行榜

在趣味学堂里分为语文、数学、英语、安全四个主题科目，以学生喜欢的游戏化方式，设置"天下第一榜"，分为"练级达人""富甲天下""连对天才""做题达人"四个排名榜，让学生在游戏闯关中复习巩固知识；教师也可以根据学生的排行榜，掌握学生的学习进度。

"速算森林"以数学口算练习为主，学生可以自主闯关获得星星奖励，教师也可以发布作业，让学生完成。学校进行速算比赛时，线上竞赛就依托速算森林进行。通过速算森林的使用，学校学生数学口算能力逐渐提高。弘德小学用不到两年的时间，在全省速算森林使用率排名中远超第二名。

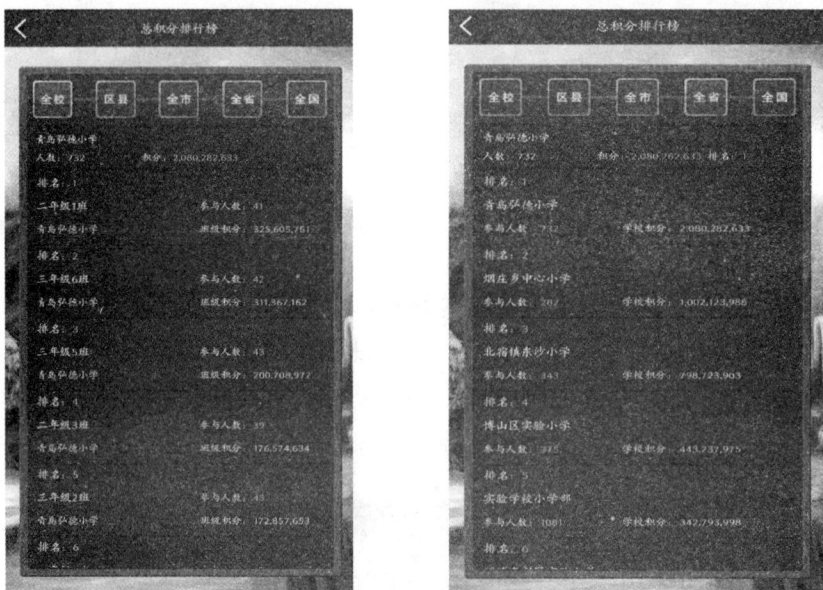

图8-20　速算森林排行榜

案例三　一起作业、作业盒子等学习APP使用

在互联网中还有很多可以免费使用的教育学习APP，如作业盒子、一起作业、狸米学习等，是我们学校老师布置线上作业常用软件。这些作业软件可以让学生随时随地练习巩固知识，插图配画精致，学生使用兴致高。同时，这些作业软件节省老师批改作业的时间，学生完成后系统自动生成班级做题正确率以及出错率较高的题，这样，老师很直观地了解学生哪些题需要重点讲解。

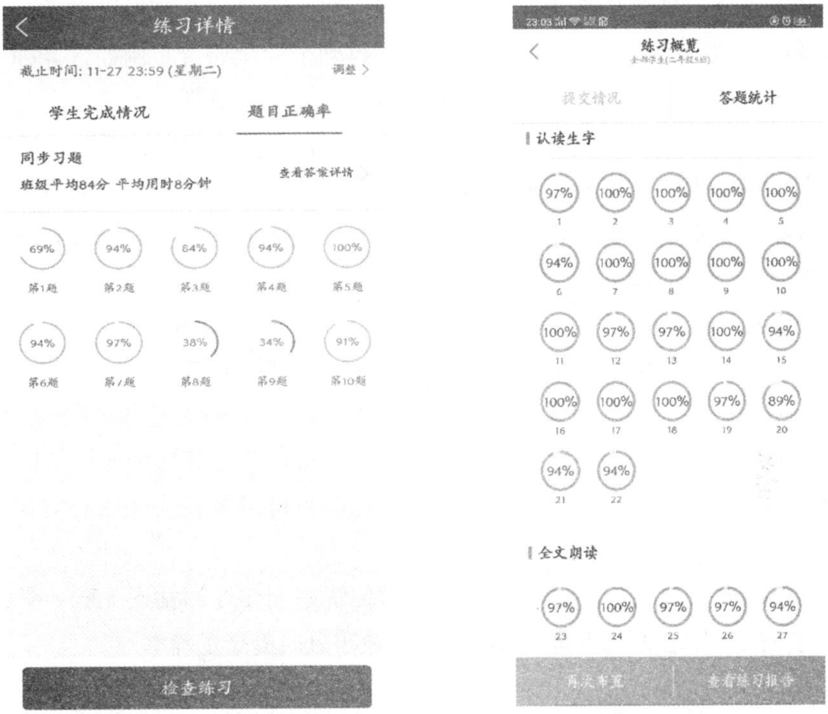

图8-21　教育学习APP——题目正确率统计

图8-22　免费教育教学APP推荐

基于移动互联网的教育学习APP使课下的练习和作业变得极富趣味性，学生随时随地能把自己的作品传给老师并得到个性化评价。例如，老师要求学生们背诵的课文，学生可以利用平板电脑或智能手机把录音传给老师；教师推送练习题，学生在接收之后可以作答，每位学生完成后，系统会自动保存数据，待学生全部作答完成，教师可以查阅每种题型学生的掌握情况。教师根据学生上交情况给出相应的评价，这样，既能提高学生的学习兴趣又提高了老师检查作业的效率。

使用效果：

通过和教师、学生、家长沟通交流，大致概括了基于移动互联网的人人通学习的效果。

教师层面：基于互联网的教育学习软件，可以节省教师批改作业时间，教师有充足的时间备课、辅导学生。教师可以直接根据系统计算的错题率，了解出错原因，有目的地给学生讲解。

学生层面：线上习题练习，避免只做传统书面作业的枯燥无味，学生学习兴趣提高。彩色插图动画，增加学生做题印象，提高正确率。

家长层面：孩子可以自主完成作业，不需要担心孩子拿手机、平板只玩游戏的现象。在完成作业的同时，从小教育孩子互联网可以用来学习，不仅仅是玩游戏。

2. 基于移动互联网的人人通在安全教育上的应用及效果。

在整个教育阶段中，小学教育阶段是最为基础的阶段，也是小学生终身发展的基本阶段。近年来，随着素质教育的不断深化，安全教育已成为小学教育的重要组成部分，加上社会形势、社会观念不断变化，影响小学生安全的因素越来越多。而由于小学生基本上没有社会阅历、生活经验也较少，这就使得他们在面临危险事物的时候无法很好地自我保护。因此，我们必须将小学生安全教育放在突出地位，强化小学生生命意识，增强其自我保护能力、自救互救能力和自我判断能力等，促进其健康成长。

在学校除了经常性地进行消防演习、防踩踏演习、防地震演习、防爆演习等，在级部和班级中根据实际情况定期开展安全主题班会，内容涉及交通、消防、食品、灾害等等。"安全无小事"，在家庭中安全教育同样重要。为此，学校依托"学校安全教育平台"，使家庭安全教育衔接学校安全教育，教师每学期完成7节授课；学生通过视频学习，完成知识闯关题。网站不定期地发布专题活动，分班级集体学习和家庭学习。教师可以在平台管理后台查看教学情况（授课情况）、教学效果情况（学生学习情况）以及专题活动参加情况。通过家校沟通配合进行安全教育，增加了学生安全知识，提高了学生自我保护能力。

图8-23　安全教育平台登录界面图

图8-24　安全教育平台教师授课

学期	学习内容	对应课程	布置情况	布置日期	学习完成人数	完成率
上学期	让孩子学习简单的安全知识	低年级的安全本领	已布置	2018-09-13 09:41:	37人	100%
	家长与孩子一起模拟地震躲避演练	地震来了我会躲	已布置	2018-09-14 10:37:	37人	100%
	家长与孩子模拟台风逃生演练	刮台风时	已布置	2018-09-17 11:06:	37人	100%
	让孩子认识常见的交通标志	常见的交通标志	已布置	2018-09-18 11:32:	37人	100%
	让孩子知道玩火的危害	玩火危险	已布置	2018-09-19 14:47:	37人	100%
	了解常见的消防设施	常见的消防设施	已布置	2018-09-20 09:18:	37人	100%
	让孩子学会安全游泳	安全学游泳	已布置	2018-09-25 10:51:	37人	100%
下学期	让孩子养成良好的卫生习惯	改掉不良卫生习惯	未布置	--	0人	0.00%
	家长教孩子学会正确洗手	你会正确洗手吗	未布置	--	0人	0.00%
	家长引导孩子学会应对陌生人	如何对待陌生人	未布置	--	0人	0.00%
	家长协助孩子学会与父母走散时的应对技能	与父母走散时	未布置	--	0人	0.00%
	让孩子远离危险	危险游戏莫玩耍	未布置	--	0人	0.00%
	让孩子知道怎么保护自己的"小秘密"	护好身体"小秘密"	未布置	--	0人	0.00%
	家长带领孩子训练防踩踏的技能	人多，注意躲避！	未布置	--	0人	0.00%

图8-25　安全教育平台以一个班为例学生完成情况

3. 基于移动互联网的人人通在学生综合素质评价与培养上的应用及效果。

随着我国基础教育改革的深化和发展，学生核心素养已经成为我国基础教育领域的热门研究课题之一。中国学生发展核心素养课题组基于一系列的支撑性研究，于2016年9月正式从顶层设计的角度发布中国学生发展核心素养总框架，提出中国学生发展核心素养以"全面发展的人"为核心，综合表现为人文底蕴、科学精神、学会学习、健康生活、责任担当和实践创新六大核心素养。

学生评价是指在一定教育价值观指导下，根据一定的标准，运用现代教育评价的一系列方法和技术，对学生的思想品德、学业成绩、身心素质、情感态度等的发展过程和状况进行价值判断的活动。学生评价在整个学生的教育教学活动中起着至关重要的导向作用。

从现实情况看，传统的学生评价的手段和方式主要有：学业评价主要是作业和考试，义务教育阶段主要采用等级加评语的方式；思想品德方面主要以活动形式呈现并以评选或表彰为评价手段；身体素质方面主要以体质测量达标与否为评价方式，其他类的主要采用模糊式的口头评价方式；最常用的是学期末教师逐个填写学生综合素质评价手册，学生带回家里，家长填写意见，开学后学生再带回学校，等等。所有这些评价都存在很多的不足：首先是不全面，重智育轻其他，评价主要以学业成绩为主，其他方面没有得到足够的重视，不能反映学生的整体发展情况；其次是不及时，很多活动的参与情况没能很好地及时记录下来，家长也不能及时了解孩子的在校表现；再次是不客观，对学生的综合评价往往以几次考试或教师平时的印象来确定，而且是主要学科或班主任的意见为主导，其他学科的教师很少能参与意见；最后是不科学，对学生的综合评价除学业部分比较清晰外，由于缺少评价标准和测量工具，其他方面的评价主要是模糊性的，凭教师主观臆断而不是建立在科学的数据支撑下的精准评价，评价的结果不令人信服。

为全面促进学生核心素养和关键能力落地，我校专门开发了大数据支撑下的学生核心素养发展评价体系。该体系坚持以下6个设计原则。

（1）指向性原则：聚焦学生核心素养和关键能力，而不是基础素养和基础能力，不是某一方面素养而是全面素养。

（2）目的性原则：教师教育、教学的每一个重要活动都要关联到核心素养的某一个或几个维度，并在每一个维度上选择指标进行评价，从而使得教育教学活动更有针对性。

（3）主体性原则：所有任教教师都是评价的主体，都可以在任意维度实施教育和评价，从而使评价的主体更加多元，因而也更加合理。

（4）交互性原则：针对每一个教育、教学活动的评价，家长和学生与老师都可以及时、实时地进行空间的互动，从而提高教育的针对性。

（5）科学性原则：每一个教育、教学活动情况，教师都可以及时地记录和评价，从而使孩子的成长轨迹有据可查，也使得对孩子的评价更加有说服力。

图8-26　中国学生发展核心素养

（6）开放性原则：每一位教师、家长和学生都在平台上建立了自己的空间，除个人隐私外，都向全校开放，从而使学习成果和优质资源得以共享。

该系统按照核心素养框架的三大方面、六个维度、十八项指标并细化出54个要点进行设计和评价。

（1）日常性评价：教师在教育、教学活动中可以随时对学生进行一至几个维度的评价，按照A、B、C（或5星、4星、3星）三个等级进行评价（学业类增加D等级），系统会自动累计到相应的维度；频率越高，数据越多，评价越精准。

（2）阶段性评价：学期结束时，系统会对一学期学生在各个维度上的表现，按等级分别赋分计算总成绩，然后按照一定比例对学生进行A、B、C（或5星、4星、3星）的等级划分（综合评价没有D等级）。

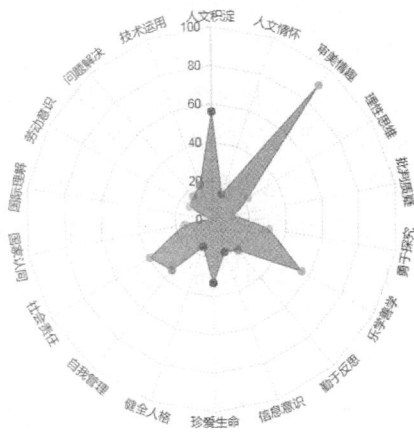

图8-27　平台数据：青岛弘德小学全体学生核心素养能力分布

（3）终结性评价：学段结束时，系统会对每一个学生每一个学期的发展情况，按等级赋分计算总成绩，然后按一定比例对学生进行A、B、C（或5星、4星、3星）的等级划分（综合评价没有D等级）

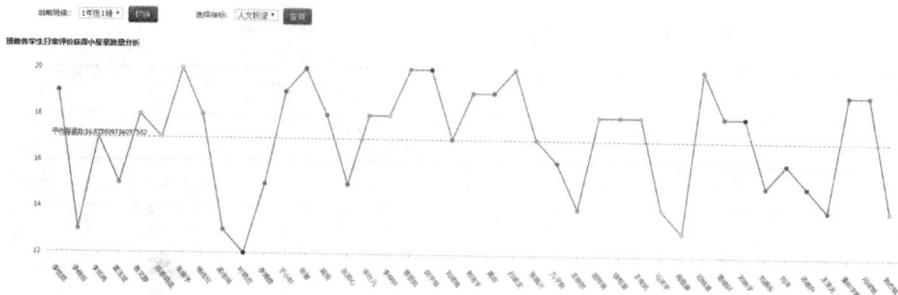

图8-28　平台数据：以一年级一班为例的班级学生核心素养能力分布

该系统将产生积极影响，主要有：

（1）促进教师全面育人、育全面的人的教育理念的形成。教师的教育教学活动将主要从学科育人转到整体育人，从关注知识本身向关注孩子获取知识的方法、过程和相关的能力转变。

（2）将核心素养落实到每一个具体的教育教学活动中，从巨量数据中形成对每一个学生的评价结果，客观公正，具有极强的公信力。

（3）提高教师教育教学活动的设计能力，评价维度的选定，要求教师进行科学的活动设计，从而使教育教学活动的目的性更强、实效性更高。

（4）为学生建立丰富完整的成长档案，成为活的教育资源和学生内动力的来源。

（5）成为各主体调控和改进教育教学活动的科学依据，更好地促进学生认识和发现自己，更好地促进教师改善教育教学行为，更好地促进家长认识自己的孩子，更好地促进学校调控和改进管理。

家长和教师通过数据可以针对每个学生缺失的能力素养进行培养提高，从而避免了教师对班级全体学生"一刀切"的教育，也避免了家长盲目教育孩子的情况。

五、总结与思考

（一）课题研究总结

在当代教育的过程中，教师除了要面对学生外，还要与学生家长进行沟通与配合。家庭教育的重要性是不言而喻的，教师必须处理好与家长的关系，加强与家长的联系与合作，共同促进孩子的健康成长。这就充分说明在新课程背景下，家校互动已经呈现新的态势。

基于移动互联网的家校互通变得更便捷，借助移动终端可以随时随地开展。网络时代，信息传播速度快，在教育过程中出现问题可以得到及时解决；否则，一旦学生出现比较严重的问题，家校双方未及时沟通，容易出现家校矛盾。发现问题，及时解决，可以使教育时效性大大提高。

基于移动互联网的家校沟通更具有针对性、有效性。通过网络工具的使用，教师可以针对性地针对某个学生的具体情况和家长开展具体交流。在传统家校沟通中教师和家长面对面沟通，难以做到具体问题具体分析，家长也很难得到自己想要的有效信息，教师也很难从家长那里得到真实反馈。借助即时聊天工具，教师和家长可以针对某个问题展开交流，提高沟通的有效性。

基于移动互联网的家校互通方式丰富多样，也有利于家校沟通材料的积累。传统家校互通材料多以照片、文字为主，形式单一；而借助移动互联网的家校互通可以将文字、照片、视频、语音随时随地保存下来，有助于调动家长进行家校互通的积极性，也有助于家长在家校互通过程中全面了解学校、教师以及孩子的成长，教师更多地了解家长，形成教育合力。

在青岛弘德小学，各种形式的家校互通方式的运用，均收到良好的效果。利用学校微信公众号，即时推送学校举办的教育教学活动、生活化德育教育课程开设等消息，让教师、家长、社会了解学校，了解学生的学校生活；通过微信群、QQ群实现教师和家长的沟通交流不再受时空限制，及时高效。通过"网络学习空间人人通"云平台、多种学习APP，使学生可以在家中及时巩固复习，教师、家长也可以通过软件数据反馈，随时了解学生在家学习情况，并在学习方式方法上给予指导、建议，实现家庭教育与学校教育无缝衔接。通过基于大数据的学生核心素养评价系统，有效调控和改进各个主体的教育教学行为，形成了共同育人的合力。

通过对基于移动互联网的家校互通应用的研究探究出家校互通的教育新模式。利用信息化教育环境，促进"家校"教育合力的形成，实现教师和家长之间真正的"零距离"交流，提升家长的教育水平的同时，优化教师对学生的全面认识，从而更好地"因材施教"。学校借助"互联网+"，充分利用现代信息化环境，使家庭教育与学校教育有效融合，真正做到家校共育。

（二）课题研究思考

课题研究虽然取得了一定阶段性成果，我们在探究基于移动互联网的家校互通新模式的过程中也有一些新的思考。

1.完善家校互通的方式应用和环境架构。

在课题探究初期，青岛弘德小学刚启用，仅有6个教学班。在推进基于移动互联网的家校互通方式过程中，课题组成员比较容易操作实践，随着学校年级的增加，学生、家长增多，在操作的过程中不可避免地出现瓶颈：家长对信息化技术的操作排斥，对即时的家校互通不理解、沟通交流不积极，对学生使用移动终端学习的方法不赞同等问题。这就需要教师和家长多沟通，向家长介绍基于移动互联网的家校互通方式所带来的优点；与此同时，吸纳家长的意见建议，完善家校互通方式的应用，继续优化学校家校互通环境的架构，积极宣传推广，让学生感染家长、家长影响家长。这样，一个和谐的教育环境才能有利于家庭和学校的沟通、理解，才能有利于每一个学生的健康成长。

2.合理规范，使家校互通便捷、有效。

借助移动互联网的家校互通，在一定程度上增加了教师的工作量。教师在工作之余需要花费时间、精力构建班级家校互通，回复各种讯息，充实"网络学习空间人人通"云平台班级空间内容等。为此，要在实施过程中规范家校互通方式方法，加强教师借助移动互联网进行家校互通行为准则的培训，鼓励教师积极主动探究家校互通各种方法的特点和使用环境；同时，教师也应该与家长提前做好使用信息化工具进行家校互通的沟通，规范家校互通内容，规范家校互通的具体时间、形式，使家长有效利用移动互联网了解孩子在校学习情况，及时反馈孩子在家学习状态，从而形成教育合力，促进孩子成长。

3.以移动互联网为媒介，整理、完善家校互通有效方式。

本课题在探究过程中，依托青岛弘德小学信息化教学特色环境，在探索基于移动互联网的家校沟通与家校教育衔接方式方法时，为确保适用性、可操作性，除了"基于学生核心素养的综合评价系统"外，多以学校教师推荐的方法为主。而且，在实践的过程中，虽然考虑到从学生、家长的角度思考，在课题研究前中后阶段进行过调查，但更多的还是从家长、学校层面考虑。这必然导致在研究中后期进行的家长问卷调查中，出现极少数的不满意现象。为此，在今后的家校互通方式研究中，要更多考虑到各个因素，多吸取家庭、学校双方的意见。在以移动互联网为媒介的环境中，我们要继续摸索、探究更适合家校互通的有效方式，助力家庭、学校教育合力达到更好效果。

移动互联网的发展，为家校互通方式方法带来了更多可能。对于家校合作、家校沟通等话题，需要学校、教师一直走在探究、摸索的道路上，推陈出新，探究出家校互通新模式，这是一个可以持续深入研究的课题。

六、建议

（一）提升学校信息化水平

学校信息化水平无疑会影响到学生和家长，因此，学校领导必须不断关注技术发展的动向，持续不断地提升学校的信息化水平。只有学校具备了良好的信息化环境，教师才喜欢用、常态用。与此同时，学校教师也必须关注教育信息化发展，及时学习、探索，更新自身信息化教育相关知识、能力，提升应用水平。也只有教师的应用，才能真正带动家长的应用，毕竟教师对家长的影响还是很有力的。

（二）家校沟通要"以人为本"

基于移动互联网的家校互通方式的使用要以人为本，方式选择要恰当，要能够吸引师生与家长的兴趣；在适度使用的同时，要使他们接受，体会到应用不是一种负担。当然，面对面的交流有时候也是必不可缺的。只有本着"一切为了学生"的原则，家校沟通才会和谐，家校合力才会更强。

（三）基于移动互联网的家校互通方式要灵活应用

基于移动互联网的家校互通的方式多种多样，除了此课题所探究的成果外，还有很多未探知的家校互通新模式。但无论哪种方式方法，都会有其独特的效果和独特的使用环境。只有选择恰当、合适的方法，家校互通才能达到良好效果。在教育教学中，我们应将传统家校沟通方式与信息化家校沟通方式相结合，各种方式配合运用，争取将学校、家庭教育合力发挥到最大。

在信息化迅速发展的今天，基于移动互联网的家校互通方式的应用不仅起到家庭与学校及时、快捷、多角度互动的作用，也可以作为家校共育的便捷工具。方式的多样化既可以满足众多教师、家长的不同互通需求，还可以有效提升家校合力育人的效果。

校园信息化的发展将朝着智慧校园迈进，所以基于移动互联网的家校互通方式也要朝着智慧校园的方向去完善。移动互联网与家校互通相结合，能够促进家庭教育、社会教育、学校教育三者的互相发展，既有效推动学校教育、提升教育教学效率，又有效促进学生的学习、家长与学校之间的互动等。它不仅能够为家长和教师的工作提供便利，还能够提升学校的公众形象，同时它也是体现一个学校教育信息化水平的重要标志。相信在未来，基于移动互联网的家校互通方式会有更好的发展和应用新模式。

附件1

青岛弘德小学学生家长信息技术使用调查问卷

亲爱的家长：

为了更好地提升家校互通效果，形成良好的教育合力。借助学校的信息化特色发展，依托移动互联网的普及，展开基于移动互联网的家校互通方式的研究，特制定本次调查问卷。为了解学校家长信息技术使用程度，请您根据实际情况如实作答。本次调查采用无记名形式，相关内容只做调查研究，绝对保密。请您仔细阅读并选择合适选项。

感谢您的支持与配合！

1. 您每天使用智能手机的频率？

    A. 高   B. 低

2. 您经常使用智能手机的哪些功能？【最少选择1项】

    A. 打电话、发短信   B. 使用即时聊天软件

    C. 阅读新闻、听广播   D. 玩网络游戏

3. 您使用移动终端（智能手机、平板）的熟练程度？

    A. 熟练   B. 一般   C. 不熟练

4. 您对移动终端上新功能的接受程度如何？

    A. 很容易接受   B. 比较容易接受   C. 不容易接受

5. 对孩子的学习教育，您是否使用移动终端上的教育软件？

    A. 使用   B. 不经常使用   C. 不使用

6. 您会为孩子主动搜索有关的教育APP吗？

    A. 会   B. 不会

附件2

青岛弘德小学基于移动互联网的家校互通方式的应用满意度调查问卷

亲爱的家长：

为加强家校合作，促进孩子们在家校合力助力下健康成长，我校在家校沟通、学校教育与家庭教育衔接配合的过程中，吸取、借鉴传统家校互通方式的优点，在日常教学中，根据本学校信息化发展特色，探究使用了基于移

动互联网的家校互通新方法。为了使这些信息化技术更好地服务于我们的教育过程，需要采纳家长们的建议，特制定本次调查问卷，了解家长们对"基于移动互联网的家校互通方式"的使用情况和满意度。请您根据实际情况如实作答。本次调查采用无记名形式，相关内容只做调查研究，绝对保密。请您仔细阅读并选择合适选项。

感谢您的支持与配合！

1.您对在家校沟通过程中的班级微信群和QQ群的使用是否满意？

　　A.非常满意　　　　　B.满意　　　　　　　C.不满意

建议或看法：

2.您对在家校沟通过程中的"网络学习空间人人通"云平台的使用是否满意？

　　A.非常满意　　　　　B.满意　　　　　　　C.不满意

建议或看法：

3.您对在家校教育配合、衔接过程中的学校教育安全平台的使用是否满意？

　　A.非常满意　　　　　B.满意　　　　　　　C.不满意

建议或看法：

4.您对在家校教育配合、衔接过程中的免费教育APP的使用是否满意？

　　A.非常满意　　　　　B.满意　　　　　　　C.不满意

建议或看法：

5.您对孩子使用移动终端（智能手机、平板）进行学习的方式是否赞同？

　　A.非常赞同　　　　　B.赞同　　　　　　　C.不赞同

您的想法：

后　记

　　《中小学信息技术的迭代及应用》一书即将付梓，这是我们从事信息化教育10余年来实践经验的总结。写这本书的想法由来已久，不仅是因为我们在推进信息化教育中遇到了一些问题，也是大家同样有的困惑：为什么各级如此重视教育信息化而教师并不积极呢？为什么我们配上如此"高、大、上"的技术装备却怎么也用不起来呢？……有的学校把原因归结为：我们只是配上了电子白板，别的学校都改成了交互一体机了……

　　这是我们作为某地教育信息化应用创新评审专家亲自听到的分析，是一个校长在汇报工作时亲口说出来的。从众多的学校提报的材料和汇报当中，我们感觉这样的情况绝不在少数，这还是作为比较好的单位推荐上来的。所以我们想，教育信息化的关键不在于拥有多么"高、大、上"的设备，人才是最关键的因素，教师理念跟不上，对技术价值不理解，对操作不熟练，再好的技术也只是炫富的资本、过眼的云烟，不会对教育产生实质的影响。因此，我们必须把教师的培训和实践应用作为教育信息化的头号工程来抓，以理念引领应用，以应用的成效促进理念的提升，形成良性的循环。

　　我国是个大国，经济发展水平千差万别，各地在教育技术装备上存在很大差异，这也正反映了技术迭代的现状。但不管是什么样的技术装备，都应该把育人作为根本；在这一理念指导下，深刻挖掘每一项技术的核心价值，找到该项技术在育人特别是课堂教学上的关键支撑和引领作用，发挥该项技术的最大育人作用。

　　循着这样的一个思路，结合当前中小学教学中的技术配备现状，我们梳理出投影+幕布、交互式电子白板、触控一体机、智能移动终端、"一对一"数字化学习等五种主要教学环境，分析了各种环境的技术原理、使用价值并精选了相应的教学案例，以供大家参考。同时附录了教师信息素养提升、网络学习空间建设与应用、数字资源开发与应用、家校互通教育等相关内容，以期对大家有所帮助。

教育信息化正在从1.0的侧重环境建设升级转段为2.0的内涵发展，技术装备也将更加快速地迭代，只要我们心中始终装着学生，每一项技术就会变得更加"有温度"，杰出的教育就会因技术而更加放大……

本书写作的过程中，得益于众多领导、专家、教授的点拨，也感谢众多老师的倾情奉献，对提高我们的理论素养和写作水平很有助益，在此一并感谢！

因水平有限，书中难免有这样那样的不足，恳请广大教育同仁批评、指正。

吕红军　李　梅

2018.11